LE

SERVICE DE SANTÉ

DES ARMÉES

AVANT ET PENDANT LE SIÉGE DE PARIS

LE
SERVICE DE SANTÉ
DES ARMÉES

AVANT ET PENDANT

LE SIÉGE DE PARIS

PAR

AUGUSTIN COCHIN

MEMBRE DE L'INSTITUT

ET DU CONSEIL DE LA SOCIÉTÉ INTERNATIONALE DE SECOURS AUX BLESSÉS

PARIS

A. SAUTON, LIBRAIRE

RUE DU BAC, 41

—

1871

SERVICE DE SANTÉ

DES ARMÉES

AVANT ET PENDANT LE SIÉGE DE PARIS

Novembre et décembre 1870.

L'heure n'est pas venue de raconter l'ensemble de tous les services rendus par le corps de santé militaire pendant la campagne de 1870 et au siége de Paris. Le docteur Larrey, le docteur Nélaton, le docteur Chenu et leurs dignes émules sont en ce moment les acteurs infatigables de cette triste et glorieuse histoire. Après l'avoir faite, il leur appartiendra de l'écrire. Mon dessein est plus modeste. Je voudrais raconter les origines du service de santé des armées, honorer la mémoire des deux grands hommes qui le personnifient, Ambroise Paré au XVIe siècle, Dominique Larrey au XIXe; exposer l'organisation actuelle de ce corps militaire, rappeler les premiers résultats de la *Convention de Genève* et de la fondation des *sociétés de secours aux blessés*, enfin retracer en abrégé leurs admirables efforts pendant le siége de Paris. C'est particulièrement sur les médecins et les chirurgiens de l'armée que je

1.

voudrais appeler l'attention et l'intérêt. L'opinion a été longtemps ingrate, et la loi est encore injuste, à mon avis, envers ces bons serviteurs de la patrie et de l'humanité. On ne saurait trop plaider une cause si digne de nos sympathies, et c'est le devoir de tous depuis que les malheurs de la France ont fait un soldat de chaque citoyen.

L'histoire de cette partie de nos institutions militaires offre d'ailleurs aux moralistes autant qu'à l'homme de guerre un spectacle attachant. Elle peut se diviser en quatre périodes bien distinctes. Avant le XVIIe siècle, il y a déjà partout des hôpitaux sédentaires; mais le médecin et le chirurgien qui suivent les armées en campagne sont seulement attachés au service personnel d'un prince ou d'un grand seigneur. André Vesale est le médecin de Charles-Quint, Ambroise Paré est le barbier de M. de Rohan. Pendant le XVIIe siècle, le corps de santé des armées s'organise régulièrement; il n'est cependant encore qu'un acte de la munificence royale, restant presque partout à l'état de bonne intention mal comprise ou mal exécutée, comme on peut s'en assurer en lisant les curieux écrits de l'intendant Chamousset, l'ami de Rousseau. Avec le XIXe siècle, ou plutôt à partir des grandes guerres de la révolution française, le service de santé est enfin considéré comme un droit du militaire malade, une dette de l'État envers l'armée; les officiers de santé deviennent les égaux des officiers de régiment, sans cesser toutefois d'être placés sous l'autorité presque illimitée de l'intendance. Enfin, nous voici au début d'une quatrième période, pendant laquelle les chirurgiens et les médecins militaires auront tellement multiplié leurs services et pris dans la science, devant l'opinion, au milieu de l'armée et de la garde nationale reconnaissante, un si haut rang, qu'ils mériteront de conquérir bientôt une complète indépendance. Ainsi peu à peu, en quelque sorte au prix du sang et à travers les batailles, ce service, qui n'était d'abord qu'un service *privé*, puis une grâce *royale*, sera devenu de nos jours une fondation *patriotique*, et par la convention de Genève, qui neutralise les hôpitaux et ambulances, il s'élève encore plus haut, il est une grande institution d'humanité *internationale*, dont le drapeau, marqué de la croix de Jésus-Christ, flotte dans nos rues, et fait de toutes les maisons qu'il protége un de ces anciens lieux d'asile dans lesquels la violence n'entrait pas.

I

LES FONDATEURS DE LA CHIRURGIE MILITAIRE.
AMBROISE PARÉ, DOMINIQUE LARREY.

C'est avec Ambroise Paré que commence au XVIe siècle la carrière de la chirurgie française. Sous l'empire de préjugés absurdes, la Faculté de Paris et la Faculté de Montpellier avaient longtemps interdit aux médecins, comme un métier indigne d'eux, l'exercice de la chirurgie, abandonné aux barbiers, aux rebouteurs ou aux membres de la petite confrérie parisienne de Saint-Côme, gens obscurs qui ne craignaient pas de se salir les mains. MM. les docteurs régents de la Faculté de Paris dédaignaient ainsi le soin des dissec-

tions et des pansements, et ils n'écrivaient qu'en latin
pour les savants, lorsqu'un barbier tout à fait inconnu
publia en français, au grand ébahissement de tous, un
excellent petit livre intitulé : *La Méthode de traicter les
playes faictes par les harquebutes et aultres bastons à
feu, et de celles qui sont faictes par flèches, dardz et
semblables, aussi des combustions specialement faictes
par la pouldre à canon.* L'auteur se nommait Ambroise
Paré. Il était né à Laval, en 1516, d'une famille d'ou-
vriers, et il était venu à Paris, en 1532, se placer comme
apprenti chez un barbier qui lui avait appris à faire la
barbe, peigner, fabriquer des lancettes et panser des
ulcères. Après trois années, pendant lesquelles il avait
suivi les cours de l'Hôtel-Dieu, il avait été reçu lui-
même chirurgien-barbier, grâce à un examen *sur le
faict de la cognition et curation des clouds, bosses, an-
trax et charbons;* puis, à dix-neuf ans, il était parti pour
la guerre, dans l'armée levée par François Ier contre
Charles-Quint, après la rupture de la paix de Cambrai.
Le maréchal de Montejan (1), colonel-général de l'in-
fanterie française, l'avait attaché à sa personne et em-
mené en Italie, où il demeura trois ans au milieu des
armées. C'est après avoir suivi, dans une seconde campagne aux Pyrénées, le vicomte de Rohan, qu'il publiait, à vingt-neuf ans, son petit traité, qui mar-
quait, comme je l'ai dit, le réveil de la chirurgie française et le commencement de la chirurgie militaire,
transformée à la fois et dans ses procédés techniques
et comme service d'humanité.

(1) René de Montejan ou de Montejoan, nommé maréchal et gouverneur du Piémont par François Ier, en 1538, s'était distingué à la
bataille de Pavie, et mourut en 1539.

Peu d'années auparavant, un médecin, né à Bruxelles, et qui devait illustrer l'Université de Padoue, était parti avec l'armée de Charles-Quint, et peut-être se trouva-t-il en face de Paré. Plus instruit, aussi laborieux, aussi religieux, André Vesale, premier médecin de l'empereur, fut surtout le premier médecin du XVIe siècle, rival de gloire et de génie de son célèbre contemporain. Tous les deux ont été donnés à la science par la médecine des armées.

La chirurgie de guerre avait été jusqu'à Ambroise Paré un véritable procédé de torture. On cautérisait des plaies simples avec de l'huile bouillante, et on cautérisait aussi avec un fer rouge les membres amputés. Paré raconte, dans son *Livre des playes d'harquebute*, comment, après l'affaire du Pas-de-Suse, il regardait faire les autres chirurgiens, ne songeant qu'à les imiter de son mieux. L'huile bouillante ayant manqué pour cautériser toutes les blessures, l'inquiétude l'empêcha de dormir à son aise; mais le lendemain il s'aperçut que les blessés cautérisés étaient plus malades que les autres, et il eut la hardiesse d'abandonner et de combattre une pratique généralement admise. Dans la campagne de 1551, au siége de Damvilliers, il tenta d'amputer une jambe en opérant les ligaments sans aucune application de fer rouge, et le malade fut sauvé. Ingénieux et hardi, il avait eu l'idée, pour extraire une balle reçue dans l'épaule par le maréchal de Brissac, de mettre le blessé dans la position où il était lorsqu'il avait reçu le coup, et c'est lui qui en 1545, au siége de Boulogne, arracha le tronçon de lance de la figure du duc de Guise, surnommé depuis le Balafré, sans autre instrument que les tenailles d'un maréchal, et en demandant au prince la permission de lui tenir le pied contre le visage pour avoir plus de force. Le duc fut sauvé comme par miracle. *Je le pansay, Dieu le guarit*, dit simplement Ambroise Paré.

Mais l'admirable maître donna des leçons d'humanité autant que des leçons de chirurgie. Les barbiers-chirurgiens étaient alors attachés à la personne et à la solde d'un grand seigneur ; il n'y avait pas de chirurgien du soldat. C'est le temps où La Noue écrivait rudement : « Le lit d'honneur des blessés est un bon fossé où une arquebusade les aura jetés. » Ambroise Paré vit un jour creuser une fosse pour un soldat mourant que sa compagnie, près de partir, allait abandonner. Il réclama, le fit placer sur une charrette, « lui fit office de chirurgien, de médecin, d'apothicaire, de cuisinier, » et fit si bien qu'il le sauva. Les soldats voulaient porter le chirurgien en triomphe ; à la première étape, chacun des hommes d'armes lui donna un écu, chacun des archers un demi-écu. C'était la première ambulance volante. Quelques années après, le maître barbier étonnait beaucoup sa femme, fille du *valet-chauffe-cire* de la chancellerie, en lui apprenant que le roi avait daigné le faire inscrire sur la liste de ses chirurgiens.

Charles-Quint venait de passer le Rhin avec 120,000 hommes et d'envoyer le duc d'Albe mettre le siége devant Metz, noble ville destinée à souffrir toujours la première dans les malheurs de la patrie, et qui était alors accablée par la guerre, l'hiver et la maladie. Les soldats croyaient en outre être victimes du poison. Le roi envoya Paré à Verdun ; un capitaine italien s'engagea, pour 1,500 écus, à l'introduire dans Metz. Paré y entra, après mille dangers, le 8 décembre 1552, à minuit, par la porte Moselle, et le lendemain le duc de Guise le présenta sur la brèche à tous les capitaines, qui l'embrassèrent avec effusion. « Nous sommes sauvés, s'écriaient les soldats, notre Ambroise est avec nous! » Il releva les courages et contribua au salut de la ville. Il était peu de mois après dans Hesdin, où les soldats se le disputaient et le portaient *comme un corps saint;* mais il fallut se rendre, et il ne sortit que déguisé en ramoneur, après avoir été pris et condamné aux galères. Il avait alors trente-six ans, et il en avait passé dix-sept à la guerre, en Italie, aux Pyrénées, dans le Luxembourg, près de la Moselle, en Flandre, ou dans son humble boutique à Paris.

Il aimait cette ville, où il avait fait ses premières études, où il s'était marié, et, témoin des querelles continues de l'Université avec la confrérie de Saint-Côme, qui avait fini par obtenir le titre de *Collége des chirurgiens*, il servit à fonder solidement ce premier corps chirurgical pratique en acceptant d'y être reçu, bien qu'il ignorât le latin; mais on ferma les yeux pour cette fois, et le chirurgien du roi fut admis aux examens le 18 août 1554, reçu bachelier, licencié, enfin *maître* le 18 décembre; on n'osait pas encore dire *docteur*. La Faculté ne réclama point, et Ambroise Paré, usant de son crédit pour obtenir du lieutenant criminel les corps des suppliciés, fonda aussitôt et continua pendant plusieurs années des cours de dissection et d'anatomie pratique.

Deux petites expéditions militaires, la mort violente de Henri II, suivie si promptement de la mort de son triste fils, et un accident grave, une chute de cheval

qui lui brisa la jambe, enlevèrent Paré à ses études
jusqu'au début de la guerre civile de 1562, pendant
laquelle on le vit encore au siége de Rouen, à la bataille de Dreux, au siége du Havre, toujours actif, partagé entre les opérations et les observations, chan-
geant sa thérapeutique un peu surannée (car il fut l'un
des partisans opiniâtres de l'*huile de petits chiens*), inventant des instruments nouveaux, à la fois opérateur,
chimiste, coutelier, sachant se donner chaque jour à
la science et à la guerre. Le Havre capitulait en 1563,
et en 1564 Paré publiait ses *Dix Livres de chirurgie*,
avant de partir pour suivre le roi Charles IX dans un
long voyage à travers les provinces qui dura près de
deux années. La peste, la petite vérole, la rougeole,
furent les fléaux rencontrés sur son chemin par le chirurgien du roi. Il faillit en mourir, mais il eut soin
d'en décrire les symptômes et le traitement dans un
livre nouveau. Au milieu de ces épidémies revint la
guerre civile, signalée par les tristes noms de Jarnac et
de Moncontour, et Paré donnait ses soins aux blessés
de ces lugubres journées, lorsqu'il fut envoyé en
Flandre par le roi pour soigner le marquis d'Avret;
il le sauva, et fut reçu en triomphe à Mons, à Malines,
à Bruxelles, comme un grand capitaine. Ce voyage
marque la dernière période heureuse de sa vie. Pendant les vingt années de sa forte vieillesse, Ambroise
Paré eut à traverser la Saint-Barthélemy, à laquelle il
échappa par la faveur de Charles IX, selon la tradition
reçue, ou plutôt parce qu'il était catholique, comme
l'a établi M. Malgaigne (1). Les années suivantes fu-

(1) Voir l'éloquente et savante *Introduction* du docteur Malgaigne,

rent remplies par l'exercice infatigable de son art, la publication de ses travaux, la résistance aux injures et aux attaques d'absurdes rivaux, enfin par le service du roi, auquel il était attaché, comme premier chirurgien, aux gages de 666 livres 12 sols. La guerre l'arracha une fois encore à ses livres, et il était dans Paris pendant le premier siége de 1590, terminé par l'horrible famine qui réduisit les 200,000 habitants à des souffrances épouvantables. Ambroise Paré fut infatigable au milieu des mourants et des affamés.

Pierre de l'Estoile raconte que le vieux Paré, apercevant l'archevêque de Lyon au bout du pont Saint-Michel, assiégé par une foule de menu peuple demandant du pain et la paix, apostropha le prélat par ces mots : « Monseigneur, ce pauvre peuple que vous voyez ici autour de vous meurt de male rage de faim et vous demande miséricorde. Pour Dieu, Monseigneur, faites-la-lui, si vous voulez que Dieu vous la face, et songez un peu à la dignité en laquelle Dieu vous a constitué, et que les cris de ces pauvres gens, qui montent jusqu'au ciel, sont autant d'ajournements que Dieu vous envoie pour penser au dû de votre charge, de laquelle vous lui estes responsable.... Procurez-nous la paix et donnez-nous de quoi vivre, car le pauvre monde n'en peut plus. Voyez-vous pas que Paris périt au gré des meschants qui veulent empescher l'œuvre de Dieu, qui est la paix? Opposez-vous-y fermement, Monsieur, prenant en main la cause de ce pauvre peuple affligé, et Dieu vous bénira et vous le rendra. »

en tête de l'édition qu'il a publiée des *Œuvres complètes d'Ambroise Paré*.

« A quoi, ajoute l'Estoile, M. de Lyon ne respondit rien ou presque rien, sinon que, contre la coustume, s'étant donné la patience de l'ouïr tout du long sans l'interrompre, il dit après que ce bonhomme l'avoit tout étonné, et qu'encore que ce fust un langage de politique que le sien, toutes fois qu'il l'avoit resveillé et fait penser à beaucoup de choses. »

Le siége de Paris fut levé le 20 août 1590. Le 20 décembre, Ambroise Paré mourait à près de quatre-vingts ans dans la ville où il avait été petit apprenti barbier, puis chirurgien du roi, maître respecté, citoyen loyal. bienfaiteur et modèle du peuple et de l'armée. Il a lui-même résumé sa vie dans ces mots de l'Avis au lecteur qui précède ses œuvres : « J'ai veu les guerres, où l'on traicte les blessés sans fard et sans les mignarder à la façon des villes. Je me suis trouvé en campagne, aux batailles, escarmouches, assaults et siéges de villes et forteresses, aussi enclos ès villages avec les assiégés, ayant charge de traicter les blessés. Et Dieu sçait combien le jugement d'un homme se parfaict en cet exercice, *où, le gain estant éloigné, le seul honneur vous est proposé, et l'amitié de tant de braves gens auxquels on sauve la vie,* ainsi qu'après Dieu je puis me vanter d'avoir faict à un nombre infini. » C'est en quelques lignes sa carrière, son âme et l'éloge de sa profession.

Le souvenir d'un tel homme était peut-être présent à Sully lorsqu'il établit en 1597, à l'occasion du siége d'Amiens, des ambulances pour suivre les mouvements des troupes. Il y avait déjà de nombreux hôpitaux sédentaires ouverts aux militaires, comme à tous les malades, et quelques-uns, comme ceux de Laon, Sens, Lyon, Paris, étaient à peu près aussi anciens que la fondation du christianisme sous les premières races. C'est seulement au XVIIe siècle, je crois, que les rois, qui étaient en possession du droit immémorial d'envoyer dans-toutes les abbayes, sous le nom de religieux-lais ou d'oblats, des blessés, invalides ou vétérans, fondèrent des hôpitaux ou hospices militaires spéciaux, tels que les Invalides (1659), Bourbonne (1730), l'hôpital militaire des gardes françaises à Paris (1759), puis à Metz, Strasbourg, Lille et en tant d'autres villes; mais les armées en campagne étaient suivies par une bande de charlatans et de vendeurs de remèdes, et les blessés sur le champ de bataille étaient presque abandonnés. Sully, Richelieu, prirent quelques mesures pour leur soulagement, dont il ne paraît pas que Louvois se soit occupé. Enfin un édit du 17 janvier 1708 créa un service permanent de *conseillers de Sa Majesté, médecins et chirurgiens, inspecteurs généraux et majors, à la suite des armées et dans les hôpitaux des places de guerre.*

Le XVIIe siècle a inauguré, le XVIIIe siècle a continué l'organisation régulière du service de santé militaire, soit dans les hôpitaux, soit dans les camps. Le recrutement des officiers de santé, l'instruction des élèves dans les amphithéâtres annexés aux principaux hôpitaux militaires, et qui ont précédé les amphithéâtres des Facultés de médecine, l'établissement d'un conseil ou directoire central de santé, l'envoi d'inspections régulières, l'assimilation des médecins et chirurgiens militaires aux officiers de l'armée, furent l'objet de règlements nombreux, détaillés, parmi lesquels ceux de 1747, 1780, 1788, méritent d'être cités. Le premier était l'œuvre de l'habile intendant Fontanieux, passé de l'administration civile à l'administration militaire, et qui introduisit dans cette nouvelle branche du service public l'esprit de détail et de subordination si nécessaire, mais si facilement exagéré, dont les traditions et les exigences ne sont pas perdues. La corruption ne manqua pas d'envahir ce service comme tous les autres à la fin du lamentable règne de Louis XV. Lorsque le duc de Choiseuil, en 1761, nomma M. de Chamousset intendant-général des hôpitaux sédentaires de l'armée du roi, ces établissements étaient abandonnés à des entrepreneurs qui choisissaient et payaient les chirurgiens, médecins et pharmaciens, nommés sans aucun concours, et telle était l'impéritie de ces praticiens que les soldats, dit ce célèbre intendant, « craignaient beaucoup plus leurs instruments que les armes des ennemis ». Il fut obligé d'emmener un chirurgien et un pharmacien de son choix lorsqu'il alla rejoindre à Cassel l'armée du maréchal de Broglie. Une compagnie d'entrepreneurs des soixante hôpitaux de l'armée venait de faire faillite. M. de Chamousset exigea que toutes les places de chirurgiens fussent données au concours ; il créa des économes, établit une pharmacie centrale, réforma la comptabilité, proposa l'union des hôpitaux militaires aux hôpitaux civils, la formation d'infirmiers soldats ou religieux comme les frères de Saint-Alexis en Allemagne. Ce n'était pas le moment des réformateurs. En 1771, M. de Chamousset fut dénoncé, traqué, destitué, et le service était tombé dans un tel état en 1788 que la France ne pouvait disposer, pour ses armées en activité, que de 170 médecins, chirurgiens ou élèves, tirés des hôpitaux militaires de Metz, Lille,

Strasbourg et Toulon, tandis que l'ordonnance de 1708 en avait créé 200. Heureusement des hommes de science et de courage, Coste, Lapeyronie, Lorentz, Garengeot, Helvétius, Chapelain et Castelan, Petit, Percy, Parmentier, honoraient la profession, et le *Journal de médecine militaire*, fondé en 1780, recevait les tributs qu'ils trouvaient le temps de fournir à la science. Le moment approchait où la guerre allait accabler, mais régénérer la France, où une idée plus haute du droit des hommes allait pénétrer toutes les institutions. La médecine et la chirurgie des armées eurent aussi leurs révolutions. Un décret de la Convention, en date du 7 août 1793, indiqua le nouveau caractère de l'institution du service de santé militaire par ce titre énergique du premier paragraphe : *Des Droits des militaires en maladie.*

Deux ans auparavant, au mois de juin 1791, l'Assemblée constituante avait décrété dans chaque département *une conscription libre de gardes nationales de bonne volonté* (1). Les volontaires parisiens furent les premiers prêts. Dès le 3 août, trois bataillons de 600 hommes quittaient le camp de Grenelle, où ils avaient été formés. Ils emmenaient un jeune chirurgien de la marine qui venait de faire sur la *Vigilante* le voyage de Terre-Neuve, et avait réclamé l'honneur de partir pour l'armée du Rhin avec les enfants de Paris : c'était Dominique Larrey, né dans les Pyrénées en 1766, élève à Toulouse de son oncle, et à Paris du célèbre Desault. En allant s'embarquer à Brest avant vingt ans, il avait voulu visiter à Laval la petite maison où

____

(1) *Les Volontaires de 1791*, par Camille Rousset.

2.

était né Ambroise Paré, dont il devait, à deux cents ans de distance, recommencer la vie.

Dès l'année 1792, après le décret du 11 juillet, qui déclara la patrie en danger, le service des volontaires devint un service obligatoire, et tous les citoyens capables de porter les armes furent mis en réquisition. M. Camille Rousset, dans un livre dont les tristes événements d'aujourd'hui ont augmenté l'instructif à-propos, a raconté l'histoire de ces volontaires et de ces fédérés, courageux, indisciplinés, maraudeurs, foule en armes bientôt embarrassante. Heureusement cette foule fut reçue à l'armée par de vieux capitaines, comme Dumouriez, Kellermann, Biron, Custine, qui demandèrent dès le premier jour l'*amalgame* des nouveaux régiments avec les anciens, et la mesure fut autorisée par la Convention le 11 juin 1793, grâce aux rapports énergiques de Carnot, Aubry et Dubois-Crancé. Ce que Kellermann et Carnot firent pour l'organisation des armées de la république, Larrey le fit pour l'adjonction à chacune des divisions de l'armée d'un service de santé régulier. C'est à lui principalement que l'on doit la répartition méthodique du corps et des cadres des officiers de santé, composé, par division, de 1 chirurgien-major, 1 aide-major, 4 sous-aides, 1 pharmacien-major, 2 sous-aides, 1 économe et plusieurs infirmiers, avec 12 voitures légères et 4 pesantes, classification qui se prête aisément à des décompositions secondaires, se double, se dédouble, et se combine précisément avec les unités de l'armée, soit en garnison, soit en campagne. Une autre innovation, qui lui appartient plus encore, prouve les sentiments profondément humains qui l'inspiraient. Jusqu'à Larrey, les officiers de santé s'établissaient à une lieue de la bataille, et les blessés, ramassés longtemps après l'action, étaient exposés à mourir faute de soins immédiats. Il mit les chirurgiens et les infirmiers à cheval avec les instruments dans leurs sacoches, les fit suivre de voitures légères destinées aux blessés, et lança ces *ambulances volantes* à l'avant-garde, avec ordre d'aller ramasser et panser les blessés sous le feu. Larrey fut mandé à Paris en 1793 pour organiser le service de santé des quatorze armées de la république. La France, alors si féconde en hommes d'action, eut au même moment Larrey à l'armée du Rhin, Desgenettes à l'armée d'Italie, et à l'armée du nord leur doyen, l'illustre Percy, qui avait en 1787 refusé le titre de chirurgien en chef de l'armée russe, pour rester simple chirurgien-major des divisions de Flandre et d'Artois, et qui venait de publier le *Manuel du chirurgien d'armée* (1792).

La carrière de Larrey fut un prodige de dévouement et d'activité. Il était en Catalogne en 1794, en Italie en 1795, et il partit en 1798 pour l'expédition d'Égypte, n'ayant interrompu son service à l'armée que pour enseigner au Val-de-Grâce dans les intervalles. Il était à la bataille d'Aboukir, où le général Bonaparte lui donnait un sabre d'honneur; au Caire, guérissant avec Desgenettes et Bruant une épidémie ophthalmique; en Syrie, inventant les *cacolets*, qui devaient être plus tard si utiles à nos blessés de l'armée d'Afrique; à Jaffa, pendant la peste, couchant avec les pestiférés pour prouver aux soldats épouvantés que le fléau n'était pas contagieux, et il ramenait, en 1801, vers les rives de France, 1,300 blessés guéris. Puis, il reprenait son enseignement, écrivait un mémoire sur l'expédition d'Égypte, et, pour se soumettre à la loi, il passait sa thèse devant ses élèves, avant de regagner l'armée, comme Ambroise Paré, déjà chirurgien du roi, s'était fait aussi recevoir *maître* par la Faculté de Paris. Après la rupture de la paix d'Amiens, nous retrouvons Larrey au camp de Boulogne, à Austerlitz, à Wagram, à Iéna, à Berlin, puis à l'autre extrémité de l'Europe, en Espagne. Le typhus le ramène à Paris, et, à peine rétabli, il part pour Vienne, voit mourir le maréchal Lannes dans ses bras à Essling, et c'est encore Larrey qui est chargé d'organiser avec Desgenettes le service de santé de l'armée de Russie. Sa conduite à Smolensk, à la Moskowa, à la Bérésina, fut d'un héros de courage et d'humanité. Il fit toute la campagne de France. Il était à Waterloo. Quel homme égala ce grand homme? Quel courage! quelle indomptable activité!

J'ai entendu les récits de Larrey, qui était l'oncle de ma mère, et je le vois encore, déjà bien vieux, avec sa taille courte, son large front, son regard ferme et doux, et les longs cheveux qui tombaient sur ses épaules. Il nous amusait par des récits de bivouac. Il nous racontait comment il avait mangé du cheval, salé de poudre, cuit dans la neige, avec une cuirasse pour marmite posée sur des faisceaux. C'est par d'autres que nous apprenions ses plus belles actions. Un jour, il pansait un colonel de Saint-Aubin, qui avait reçu une balle dans le pied. Le blessé s'agitait ; Larrey pressé d'aller à d'autres, ne pouvait extraire la balle à cause des mouvements du patient. Tout à coup, il lui applique une tape sur la joue. « Misérable !

s'écrie le colonel, vous abusez lâchement de mon état, vous m'en rendrez raison. — Mon ami, dit Larrey, recevez mes excuses. Je vous connais, je savais bien que devant mon insulte vous penseriez à l'honneur et vous oublieriez votre blessure. La balle est sortie, vous êtes pansé. Donnons-nous la main. » Il l'avait ainsi chloroformé, et passait à d'autres. Toute l'armée sait qu'à Lutzen il osa résister à l'empereur et sauva un régiment, accusé de mutilation volontaire et qu'on allait décimer. M. Thiers a retracé avec émotion la scène de la Bérésina, Larrey repassant la rivière pour chercher ses instruments, et les soldats le portant sur leurs épaules pour sauver leur sauveur. Après cette carrière si bien remplie qui finit à Waterloo, son unique préoccupation fut de faire profiter la science des résultats de sa longue expérience et de former des élèves pour le service de l'armée. Il donna les dernières années de sa vie à l'enseignement et à la pratique de son art, se partageant entre les hôpitaux, les Invalides, le conseil de santé et l'Institut, mais toujours prêt à tout quitter, comme à vingt ans, pour courir au danger. En 1835, il acceptait d'aller étudier le choléra dans les départements du Midi; en 1842, à soixante-seize ans, il demandait à inspecter les hôpitaux de l'armée d'Afrique, et partait avec son fils pour Alger et Constantine.

Un des généraux qui ont vu ce vieux maréchal de la chirurgie militaire au camp d'El-Arouch a raconté qu'un soir quatorze officiers réunis dans la tente écoutaient ses récits des grandes guerres. « C'était le bon temps! » s'écria l'un. « Le bon temps! répondit Larrey gravement. Nous disions cela en Egypte au souvenir de l'Italie; en Allemagne au souvenir de l'Égypte; nous le répétions en Espagne ! Ne faites pas de vœux insensés ; votre métier est grave, ne craignez pas la mort, mais parlez-en sérieusement. L'âme seule est immortelle! » Peu de semaines après, Larrey, ramené malade en France, mourait à Lyon dans les bras de son fils, digne de lui succéder, et qui devait être, en 1870, le médecin en chef de l'armée pendant la guerre avec l'Allemagne et le siége de Paris. Le vieux chirurgien avait servi l'armée pendant cinquante-six ans. La reconnaissance publique a élevé, par la main de David d'Angers, une statue à Ambroise Paré dans sa ville natale de Laval, — une statue à Dominique Larrey dans la cour du Val-de-Grâce, comme un modèle offert à tous les chirurgiens qui entrent dans ce grand hôpital militaire. Sur la première, on lit ces simples et pieuses paroles : *Je le pansai, Dieu le guarit*, et sur la seconde on a gravé ces mots du testament de Napoléon Ier : *Larrey est l'homme le plus vertueux que j'aie connu.*

II

LE SERVICE DE SANTÉ DES ARMÉES AU XIXe SIÈCLE.

Honoré par de tels hommes, formé sous le feu, ayant à tous les coins de l'Europe affronté la fatigue et combattu la mort, le corps de santé militaire a-t-il vu pendant le premier empire sa condition améliorée, élevée, nettement définie par la loi? Nullement.

Napoléon témoigna beaucoup d'estime à Percy, à Larrey, à Desgenettes, mais il ne fit rien ou presque rien pour le corps de santé militaire, malgré les réclamations qui lui furent présentées, notamment au camp de Boulogne et en 1810. Le décret du 7 mai 1793 avait assimilé les officiers de santé aux officiers de l'armée pour la solde et le rang. Le Directoire les priva, en 1796, de plusieurs des avantages de cette assimilation, et, lorsqu'ils furent admis à la pension de retraite en 1797, ils se virent refuser le traitement de réforme et l'entrée dans le cadre de réserve. Le conseil de santé, détruit, puis rétabli en 1800, fut de nouveau supprimé en 1802 par Napoléon, qui n'aimait pas les corps consultatifs, et remplacé par des inspecteurs généraux, Coste, Percy, Desgenettes, Heurteloup, Larrey, Parmentier, chargés à la fois de faire des cours, d'examiner les élèves, de visiter les hôpitaux, de suivre les armées. L'enseignement régulier dans les écoles de santé de Paris, Montpellier, Strasbourg, ou dans les hôpitaux militaires d'instruction, établi en 1795 par Fourcroy, fut désorganisé par la guerre, qui entraîna maîtres et élèves, et on le rétablit seulement, avec le conseil de santé, en 1814 et 1816. Il est certain que Napoléon, comme Frédéric, Pierre le Grand, Richelieu, Condé, ne pensait pas beaucoup aux morts et aux blessés ; il avait d'ailleurs trouvé le corps de santé militaire à peu près licencié, et il avait introduit dans l'armée, par une sorte de conscription précédée d'examens de pure forme, des apprentis médicaux peu dignes des honneurs militaires, s'ils n'avaient été dirigés par des maîtres capables de faire des prodiges avec les plus faibles ressources. A ces motifs de la négligence, du dédain même de Napoléon Ier envers les médecins de ses soldats, se joignit dès le principe une autre et plus décisive raison. Ce grand organisateur attachait une importance capitale au partage du département de la guerre en deux branches très-distinctes, le commandement et l'administration, les généraux et les intendants. Le corps de l'intendance était alors, par l'instruction, le choix, l'intelligence, très-supérieur au corps de santé. Soigner les troupes fut toujours aux yeux de l'empereur un service subalterne, rentrant dans la besogne de l'administration avec les transports, les vivres et les logements. Animé de ces dispositions, il écouta quelquefois, il n'exauça jamais les doléances des officiers de santé, quand ils se plaignaient d'être réduits à l'état de rouage administratif. « Je répugne infiniment à rester à l'armée « sous le régime administratif », écrivait le vieux Percy en 1806 au maréchal Duroc, « et il me serait impossi- « ble de rentrer en campagne s'il fallait y être encore « dans l'état de pénurie, de détresse, de cruel et hon- « teux dénûment dans lequel nous nous sommes vus. »

La dette de reconnaissance de la nation envers les bienfaiteurs du soldat fut peu à peu payée par les gouvernements qui succédèrent au premier empire, sans que la subordination du médecin à l'administration de la guerre cessât d'être la lourde règle et l'article premier de toutes les législations. Les mesures de 1814 et 1816, l'ordonnance du 10 septembre 1826, la loi du 19 mai 1834, les ordonnances du 12 août 1836 et du 19 octobre 1841, ont réorganisé le conseil de santé, rendu au médecin son rang dans l'armée, divisé les écoles en hôpitaux d'instruction et de perfectionnement, rétabli le concours, augmenté les traitements, et à chacun de ces progrès a correspondu dans le corps entier une meilleure instruction, des travaux scientifiques importants, le perfectionnement des hôpitaux, des ambulances, des instruments: mais, si le titre d'officier de santé militaire, qui n'appartient qu'à des docteurs reçus au concours, est dans les termes de la loi un grade, pour l'intendance il n'a pas cessé d'être un emploi. *Assimilation* a été le droit, *subordination* a été le fait pendant toute la durée des gouvernements de 1815 et de 1830, auxquels le service de santé militaire est pourtant si redevable. Heureusement, à la fin de cette période, de nombreux écrits, les travaux de commissions compétentes, des polémiques répétées, avaient créé, du moins dans le public scientifique et militaire, un mouvement d'opinion très-marqué. La Belgique, la Prusse, l'Autriche, l'Angleterre, par des mesures successives, avaient constitué le service sanitaire de leurs armées d'une manière indépendante, et la France elle-même venait d'organiser d'après les mêmes errements (ordonnance du 14 juin 1844) le corps des officiers de santé de la marine attachés aux arsenaux et aux escadres. Ces précédents et ces longues réclamations eurent enfin pour résultat le décret du 3 mai 1848, rédigé par les généraux Schramm et Cramayel, les intendants Melcion d'Arc et d'Agnan, les médecins Bégin et Alquié (1).

Assimilation complète, quant aux grades, des officiers de santé militaires aux officiers des autres corps de l'armée, depuis le sous-aide, qui a rang de sous-lieu-

______

(1) *Études sur le service de santé militaire en France,* par L.-J. Bégin. Paris, 1860.

tenant, jusqu'à l'inspecteur général, qui a rang de
général de brigade; fonctionnement indépendant de
tout le corps, par l'action de ses chefs directs, sous
l'autorité du ministre et du commandement; contrôle
purement administratif de l'intendance; attributions
du conseil de santé analogues à celles des comités consultatifs permanents des différentes armes : telles furent
les dispositions de ce décret précis, clair, accueilli avec
une immense satisfaction, et considéré comme un acte
destiné à trancher définitivement un conflit déplorable.
Mais ce serait bien mal connaître la France que de
croire à des triomphes définitifs de la loi sur la rou-
tine : celle-ci plie, et ne rompt pas; les faits résistent
longtemps aux droits, et le service de santé des armées,
l'une des branches les plus accablées de règlements
qui existent dans l'administration française, n'est pas
encore affranchi, même en 1870, du joug des anciennes
traditions et du poids des anciens préjugés. A peine le
second Napoléon était-il élu président de la république
que le maréchal de Saint-Arnaud lui proposait de re-
venir sur le décret de 1848, renvoyé par l'Assemblée
législative à l'examen du Conseil d'État. Une commission présidée par le maréchal Vaillant déclara que
« l'indépendance réclamée pour le corps de santé vis-
à-vis du corps du contrôle était le contraire du vrai » ;
que le décret du 3 mai 1848 était d'*origine révolution-
naire*, et ces termes très-vifs servirent d'introduction
au décret du 23 mars 1852, toujours en vigueur, et
qui a organisé de nouveau la subordination du corps
de santé à l'égard de l'intendance, tout en consacrant
quelques améliorations de solde, d'avancement, de retraite, en faveur des trois branches du corps de santé,

médecins, chirurgiens et pharmaciens. Payés un peu plus largement, avancés un peu plus promptement, mais privés plus que jamais d'initiative et d'autorité, les officiers de santé recommencent à lutter. Nous allons les voir gagner, pendant les guerres de Crimée, d'Italie, du Mexique, un chevron par campagne, et acheter péniblement de petits progrès par d'immenses services.

A la guerre de Crimée correspond le décret du 12 juin 1856, préparé en vue de faciliter, par une meilleure constitution des écoles, le recrutement, dont le ministre déplore l'insuffisance. La diminution du nombre des candidatures, l'accroissement du nombre des démissions, obligent le maréchal Vaillant à reconnaître « qu'il y a dans tout le corps un grand sentiment de malaise et de découragement », et à constater que « l'avancement des membres du service de santé est plus lent que dans aucun corps de l'armée » ; il augmente le cadre par le décret du 23 avril 1859, qui coïncide avec la guerre d'Italie. Animé de dispositions beaucoup plus équitables, le maréchal Randon rétablit en 1860 l'assimilation des grades du service de santé avec les grades de l'armée, et réorganisa l'école de Strasbourg en 1864, à la veille de l'expédition du Mexique. Le corps de santé de la flotte reçut également en 1865 (1) une nouvelle organisation, et continua à être placé, dans de meilleures conditions,

(1) Le décret d'organisation du service de santé de la marine, présenté sous le ministère de M. de Chasseloup, porte la date du 14 juillet 1865. Il a été suivi d'un règlement sur le mode d'admission, l'enseignement et le concours, en date du 10 avril 1866. Voir aussi les très-curieuses *Archives de médecine navale*, par le docteur Leroy de Méricourt, qui a organisé, avec l'inspecteur général Reynaud, la belle ambulance du ministère de la marine pendant le siége de Paris.

sous l'action propre de ses chefs. Enfin un nouveau règlement du service de santé militaire, qui porte la date de 1867 et la signature du maréchal Niel, a été promulgué trois ans après, à la fin d'août 1870, par les soins de l'intendance, pendant la campagne de France, et lorsque les médecins étaient déjà tous rendus à leur poste. Le second empire a donc notablement amélioré les détails, mais il a passé encore, comme le premier, sans que rien ait été fait pour assurer à un aussi important service l'indépendance que réclament l'intérêt général, la dignité de la science et le dévouement. A chaque guerre on invoque, on exalte ceux que l'on nomme pompeusement les *anges gardiens du soldat malade;* après la guerre, ils sont regardés comme les agents coûteux d'un service presque inutile.

Quelle est la part exacte à faire au corps de santé militaire et à l'intendance dans une meilleure organisation de l'armée? C'est aux hommes compétents de résoudre cette question. Déjà le général Trochu a indiqué les bases d'une réforme de l'intendance dans son mémorable écrit sur *l'armée française.* Je me garderai bien de rabaisser les services laborieux de l'intendance militaire, surtout dans un moment où ses membres, exposés à tant d'attaques, les dédaignent pour redoubler d'efforts patriotiques. En France, lorsque deux administrations sont en lutte, on a coutume de donner alternativement raison à l'une, puis à l'autre, de sacrifier tantôt le vaincu, tantôt le vainqueur, en sorte que tout est sans cesse à recommencer.

Administrer, c'est transiger. J'ai longtemps administré les hôpitaux civils, et je suis habitué à la bataille de ceux qui payent contre ceux qui dépensent. Si les mauvais économes chicanent et empiètent, les mauvais médecins comptent peu et exigent beaucoup. Le contrôle de l'administration militaire sur le service de santé est certainement aussi nécessaire que sur toutes les autres parties de l'armée. Mais, pour expliquer un conflit si violent, si prolongé, il faut établir que l'intendance militaire. en cette matière, ne se borne pas à contrôler, elle commande.

Le corps des médecins, chirurgiens, pharmaciens, est, en effet, divisé en deux parties, — ceux qui sont adjoints aux troupes et ceux qui sont attachés aux hôpitaux, ambulances, dépôts de médicaments, écoles de santé; mais tous les médecins envoyés dans les régiments ont passé par les écoles, et presque tous par les hôpitaux. Or l'autorité absolue, l'autorité du ministre de la guerre lui-même, est déléguée, d'après les termes précis du décret du 23 mars 1852, à l'intendance militaire, pour tout ce qui concerne les hôpitaux, et aussi pour le personnel auxiliaire requis en temps de guerre. Le conseil de santé des armées n'a d'autorité sur le corps médical qu'*en ce qui concerne l'art de guérir;* il n'a qu'un avis *consultatif* et il fournit seulement des *notes* sur le mouvement du personnel. C'est une académie de médecine et de chirurgie militaire. L'avancement a lieu sur l'avis de l'intendance. Les plaintes des officiers de santé contre leurs chefs sont adressées à l'intendance. La commission de classement pour les propositions d'emploi à faire au ministre comprend deux intendants. L'intendance a l'inspection administrative des écoles. Ajoutez que le choix et l'évacuation des locaux, les lits, les magasins, le matériel, les vivres, les transports, dépendent de l'intendance. Il est vraiment impossible de toucher de plus près et par plus de points au traitement des malades et à la condition des médecins. Dans un des rapports militaires sur le combat de Villejuif pendant le siége de Paris, on lit ces mots : « l'intendance est arrivée sur le terrain *avec les services dont elle dispose* »; sous cette formule caractéristique sont compris les vivres, les munitions et les chirurgiens. C'est une définition exacte, un aveu naïf, des rapports qui subordonnent complétement le corps médical à l'administration militaire.

Après avoir constaté ces faits, je me borne à rappeler que la bonne exécution d'un service est en raison de la responsabilité de l'agent chargé de le remplir, et que la facilité du recrutement d'un corps est en raison des avantages, de l'autorité et de la considération assurés aux membres de ce corps. Voilà deux axiomes de toute bonne administration que l'on pourrait, dans l'armée, placer sous l'autorité du maréchal de la Palice. Une curieuse statistique (1), parfaitement dressée par M. le docteur Didiot, prouve que ces lois banales sont devenues des vérités mathématiques dans le service de santé militaire. De 1846 à 1865, le nombre des élèves a baissé, et le nombre des démissions a haussé exactement dans la proportion de la justice refusée ou rendue aux membres de ce corps, traité par les Français à peu près comme les Italiens traitent les saints : *passato il pericolo, gabbato il santo.* Mais, toutes les fois que les médecins et les chirurgiens sont insuffisants

---

(1) *Histoire statistique du corps de santé militaire*, de 1846 à 1865, par le docteur Didiot, médecin principal. Marseille, 1866.

faute de recrutement, ou impuissants faute d'autorité, les soldats malades et blessés sont mal soignés. Réclamer pour les médecins, c'est donc plaider pour les clients, et la cause d'une catégorie de fonctionnaires n'est autre que la cause sacrée de l'armée.

Trois faits mémorables devaient rendre cette conséquence visible à tous les yeux, la faire sortir du cercle des discussions techniques, y intéresser enfin l'opinion universelle. Les grands travaux dus aux médecins eux-mêmes, les écrits du second Larrey, de Scrive, Baudens, Lévy, Boudin, Bégin, surtout les éloquentes statistiques du docteur Chenu, avec de nombreux ouvrages des savants étrangers, les écrits et les efforts d'un autre genre qui donnèrent naissance à la convention internationale de Genève et à la fondation des *sociétés de secours aux blessés*, enfin les faits retentissants de la guerre d'Amérique et les faits présents de la deuxième campagne de France et du siége de Paris, composent un ensemble du plus saisissant intérêt. Le conflit de l'intendance et du corps de santé, la longue querelle de la compétence contre le fonctionnarisme, n'est plus qu'un détail secondaire de cet ensemble. La médecine et la chirurgie militaires, après avoir tant fait pour les sciences médicales, qui leur doivent les préceptes de l'hygiène des masses nombreuses et les principaux progrès de l'art des opérations, ont donné de nos jours la main aux sciences morales. Les médecins nous ont appris ce que coûtent les conquérants, et, après avoir fait la guerre à la mort sur les champs de bataille, ils ont dans leurs écrits déclaré la guerre à la guerre. Les sciences morales ont reconnu ce service immense en demandant bien haut pour les médecins, les chirurgiens, les infirmiers, les ambulances, une immunité spéciale, une neutralité reconnue par le droit des gens, un caractère inviolable. En même temps, elles ont entendu le cri des médecins qui se plaignaient de l'insuffisance de leurs ressources sur les champs de bataille, et une armée volontaire de secours, d'humanité, d'ingénieux dévouement, s'est levée dans toutes les nations civilisées Un tel événement vaut la peine qu'on s'y arrête. C'est une page honorable dans l'histoire des hommes, écrite en peu d'années par des procédés tout à fait modernes, une victoire de la justice gagnée par le concours de la publicité universelle.

III

LA CONVENTION DE GENÈVE ET LES SOCIÉTÉS DE SECOURS AUX BLESSÉS.

Le chirurgien, pendant le combat, est l'homme de tous; on ne doit pas tirer sur lui, et tous ceux qui tombent, sans distinction de patrie, ont droit à ses soins. C'est là une convention de droit naturel, gravée dans le cœur humain depuis qu'il y a des chirurgiens et des batailles. « Sauve Machaon, le médecin fils d'Esculape, crie Idoménée à Nestor à la fin du onzième chant de l'*Iliade*, car il vaut à lui seul un grand nombre de guerriers. » Sans remonter jusqu'à la guerre de Troie, ce généreux instinct et ce besoin mutuel qui font du médecin et du blessé deux êtres presque sacrés, devant lesquels la violence doit s'arrêter, ont souvent pris la forme d'une convention écrite. Par une coïncidence assez curieuse, les plus anciens exemples connus ont été donnés dans les guerres entre l'Allemagne et la France. L'électeur de Brandebourg et le comte d'Asfeld en 1689, le maréchal de Noailles et le comte de Stair pendant la guerre de la succession d'Autriche en 1743, le marquis de Rougé et le baron de Buddenbrock en 1759, firent avant de se battre des traités spéciaux pour la protection des hôpitaux, des blessés, des médecins et aumôniers, promettant qu'ils. ne seraient pas faits prisonniers de guerre. En 1764, le philanthrope ingénieux et sincère que nous avons déjà nommé, Chamousset, demanda que ce noble usage devînt une règle du droit des gens. « On ne devrait pas, dit-il, regarder les hôpitaux comme des conquêtes, et les malades qu'ils renferment comme des prisonniers »; et, poursuivant cette belle pensée dans le style de l'époque : « la voix d'une politique inquiète, s'écrie-t-il, devrait-elle l'emporter sur le cri de la sensibilité qui réclame des droits si sacrés? Le moment ne serait-il pas venu d'*établir parmi les nations une convention réclamée par l'humanité* (1) ? » L'historien de la chirurgie, Peyrilhe, émit le même vœu en 1700. Le premier texte rédigé d'une convention est dû à l'illustre Percy (2); il la soumit en 1800 à son chef le général Moreau, qui l'approuva et l'envoya au général autrichien Kray; celui-ci ne comprit rien à cette leçon d'humanité, qui ne devait entrer dans les lois

---

(1) *OEuvres complètes de Chamousset*, II, 10.

(2) *Éloge de Percy*, par Pariset, I, 307. — *Histoire de Percy*, par son neveu, le docteur Laurent.

de l'Europe qu'en 1864, précisément cent ans après le mémoire inaperçu de Chamousset. Un médecin prussien, le docteur Wasserfuhr, dès 1820, et de nos jours, en 1861, un médecin de Naples, le docteur Palasciano. et un fournisseur de l'armée française, M. Henri Arrault (1), encouragé par les conseils du docteur Larrey, eurent le mérite de reprendre cette idée si généreuse, dont l'origine est ainsi avant tout française ; mais l'honneur d'avoir poursuivi le projet d une convention internationale pour la neutralisation des ambulances militaires et la fondation de sociétés libres de secours aux blessés revient surtout à M. Henri Dunant, de Genève. Commencée à Genève, l'œuvre se termina dans Genève ; c'est à ce vaillant petit pays neutre que l'Europe doit cette nouvelle forme de la neutralité. Témoin et narrateur ému de la bataille de Solferino, M. Henri Dunant prit la peine de parcourir l'Europe entière, s'adressant aux intendants, aux généraux, aux souverains, aux hommes de bien, aux écri-

(1) *Notice sur le perfectionnement du matériel des ambulances volantes*, par Henri Arrault. Paris, 1861. Dans ce remarquable écrit, M. Arrault demande : 1° que les ambulances soient assez légères pour suivre tous les mouvements des armées, comme le voulait Larrey, afin que le soldat sache qu'il sera soigné aussitôt que blessé ; — 2° que l'on forme des compagnies de *brancardiers*, comme l'avait fait Percy, et il rappelle qu'il y avait, dès le IXe siècle, sous l'empereur Léon VI, un corps spécial de *despotats*, marchant derrière les cohortes, pour ramasser promptement les blessés ; — 3° enfin, il propose expressément, comme Chamousset, un *contrat synallagmatique entre les souverains* pour garantir l'inviolabilité des chirurgiens, des blessés, des infirmiers, des lieux, maisons et matériel des ambulances.

J'aime à rappeler cet écrit, loué par les journaux en 1861, trop oublié depuis, qui rattache une si noble idée à une origine française, bien que le mérite de la vulgarisation de cette idée appartienne à la Suisse.

vains, pour les intéresser au sort des victimes trop oubliées des batailles. Au commencement de 1863, l'intelligent et zélé président de la Société génevoise d'utilité publique, M. Gustave Moynier, prit l'initiative d'une conférence internationale d'études sur ce sujet, que son généreux compatriote avait mis à l'ordre du jour de toutes les sociétés de bienfaisance, et la conférence, réunie à la fin de la même année à Genève, fut composée de délégués de quatorze nations. Elle résolut la formation immédiate de comités pour concourir dans chaque pays au service de santé des armées, et elle émit le vœu que la neutralité des ambulances et des hôpitaux des médecins, des blessés, des personnes qui les secourent, fût proclamée en temps de guerre par les puissances belligérantes, garantie par un traité et assurée par l'adoption d'un signe distinctif. Des démarches continuées par M. Moynier et ses collègues, appuyées par tous les membres de la conférence, eurent pour résultat l'invitation faite à tous les États par le conseil fédéral suisse de vouloir bien envoyer à Genève des plénipotentiaires. Grâce à M. le général Favé, la France favorisa vivement la proposition. Le 8 août 1864, vingt-six délégués de seize États (1) arrivaient à Genève, et se mettaient à l'œuvre sous la présidence du général Dufour, commandant en chef de l'armée suisse. Le traité fut signé le 22 août, et successivement ratifié, de 1864 à 1868, par toutes les puissances chré-

---

(1) Angleterre, Bade, Belgique, Danemark, Espagne, États-Unis, France, Hesse, Italie, Pays-Bas, Portugal, Prusse, Russie, Suède, Suisse, Wurtemberg. La France était représentée par M. l'intendant de Préval, le docteur Bourdier et M. Jagerschmidt, délégué des affaires étrangères.

tiennes, et même par la Turquie. Il oblige vingt-deux gouvernements. Les États-Unis, qui avaient envoyé des délégués, n'ont pas encore adhéré à la convention. Proposée, rédigée, acceptée, pratiquée, en si peu d'années, cette convention est assurément l'un des plus beaux triomphes que la libre initiative ait obtenus des gouvernements de l'Europe (1).

L'œuvre de Genève est double. La neutralisation légale des services de santé des armées et la formation des sociétés de secours en faveur des blessés sont dues à la même impulsion; mais elles ne doivent pas être confondues. Je raconterai brièvement et séparément les résultats de chacune de ces deux grandes entreprises d'humanité.

La convention de Genève, du 22 août 1864, déclare *neutres :* 1° les *lieux de traitement* des blessés, hôpitaux et ambulances ; 2° le *personnel* des hôpitaux et ambulances, intendance, services de santé, d'administration, de transport, et les aumôniers ; 3° le *matériel* des ambulances, mais non celui des hôpitaux fixes ; 4° les *habitants du pays* qui portent secours aux blessés ; 5° les *militaires blessés ou malades* eux-mêmes pendant la durée du séjour à l'hôpital ou à l'ambulance ; 6° le *drapeau* et le *'rassard* portant la croix rouge sur fond blanc, adopté comme signe distinctif et uniforme pour marquer la neutralité des lieux, des personnes et des choses.

La bataille de Sadowa fut la première expérience de la convention. La Prusse en signifia le texte à l'Autriche, et en suivit les dispositions, malgré le refus de

______

(1) *Appendice*, note A. Texte de la Convention de Genève de 1864, et des articles additionnels de 1868.

son adversaire. La pratique sur le terrain révéla les bienfaits certains, mais en même temps l'insuffisance ou les difficultés d'application de quelques-uns des articles de la convention, et en 1867 un grand nombre de médecins et de chirurgiens allemands se rendirent à Paris, à l'occasion de l'Exposition universelle, pour prendre part à des conférences internationales provoquées par la Société française de secours aux blessés, que présidait le général duc de Fezensac. Dans une galerie spéciale dont l'emplacement est occupé maintenant par un parc d'artillerie et des baraques de casernement, au Champ-de-Mars, l'Exposition présentait un choix de tous les instruments, véhicules, lits, inventés par les différentes nations pour le service des blessés, avec une collection de livres sur le même sujet en toutes langues, collection enrichie des immenses documents réunis par le docteur Évans sur les travaux de la commission sanitaire des États-Unis. La salle de conférences vit rassemblés les délégués des sociétés de secours de tous les pays, les chirurgiens de toutes les armées qui s'étaient battues depuis dix ans, le docteur Mundy d'Autriche à côté du docteur Langenbeck de Prusse, le docteur Chenu de France et le docteur Longmore d'Angleterre en face du docteur Heyfelder de Russie, les chevaliers de Malte et de Saint-Jean, les religieux des ordres hospitaliers et un grand nombre de dames. Un rapport du baron Mundy, chirurgien-major de l'armée autrichienne, suivi de discussions très-intéressantes dirigées par le comte Sérurier, eut pour résultat l'adoption d'une série d'articles destinés à compléter les dispositions de la convention de Genève.

Les gouvernements suisse et italien provoquèrent aussitôt une nouvelle conférence diplomatique, et, le 20 octobre 1868, cette conférence vota quinze articles additionnels : cinq pour préciser quelques-unes des stipulations de 1864, dix pour étendre les avantages de la convention aux armées de mer. Ces articles n'ont pas encore été officiellement ratifiés par tous les gouvernements, mais ils sont entrés dans l'usage avec la convention primitive, pendant la guerre de 1870. Le zèle infatigable des sociétés de secours a provoqué de nouvelles conférences qui ont eu lieu à Berlin du 22 au 27 avril 1869. Ces conférences auront été comme une sorte de répétition des rôles douloureux que les chirurgiens des deux nations, si heureux alors de fraterniser, auraient à remplir dans les rangs de leurs armées nationales Ils ont examiné ensemble les meilleurs appareils, discuté ensemble les moyens pratiques de diminuer les calamités de la guerre, juré ensemble d'accomplir les devoirs de l'humanité et de respecter la convention qu'ils avaient faite. Cette convention a-t-elle produit les effets qu'on en attendait? Nous pouvons en juger par nos propres yeux; mais résumons d'abord l'œuvre des comités de secours placés sous la protection du drapeau qu'elle a déployé.

A partir de 1863, ces comités ont pris dans tous les pays une extension vraiment admirable. En Prusse, le prince Henri XIII de Reuss, chef de l'ordre de Saint-Jean, partagé en branche protestante et branche catholique, établit le 8 février 1864 un comité central. Secondé par 85 comités dès la première année, le comité de Berlin envoya des délégués pour fonder des ambulances pendant la guerre de Danemark, sous la direction du comte Eberhart de Stolberg-Werningerode, aidé par les diacres et les diaconesses évangéliques et les frères catholiques de la Miséricorde. Il y avait 120 comités et peu d'argent, au commencement de la guerre de 1866. Le roi nomma le comte de Stolberg commissaire royal de l'assistance volontaire aux malades ; l'ordre de Saint-Jean et le comité central lui donnèrent pleins pouvoirs. Un comité de dames s'organisa sous la direction de la comtesse Louise d'Itzenplitz De nombreuses sociétés libres rivalisèrent de zèle. On estime à plus de 4 millions de thalers les ressources qui furent mises, sous toutes les formes, à la disposition des blessés, sans parler des fondations pour les invalides, les veuves et les orphelins (1). A la même époque, en Autriche, des sociétés patriotiques provisoires, formées pour les guerres d'Italie et du Danemark, puis dissoutes, étaient remplacées par une société permanente présidée par l'archiduc Albert, et cette société a secouru les blessés pendant toute la campagne de 1866, avec le concours de nombreuses associations locales et des chevaliers de l'ordre teutonique et de Malte. La *Société des dames badoises*, la *Société bavaroise de secours aux militaires*, les sociétés de Brême, Hambourg, Cassel, la société des dames saxonnes, qui a pris le nom de *Société Albert*, méritent une mention spéciale à côté de la société de Suède, de la société des Pays-Bas, fondée par le roi Guillaume III en 1868, des sociétés d'Italie, de Suisse et d'Espagne, et de la société russe, fondée en 1867 par la grande

(1) La même activité patriotique anime, pendant la guerre avec la France, tous les comités, représentés à Versailles par le prince de Plesse, le comte de Maltzahn et le docteur Langenbeck.

duchesse Hélène, et qui compte déjà 8,000 membres. Il y a même une société à Constantinople sous la présidence de l'inspecteur-général du service de santé militaire, Marco-Pacha. Le monde chrétien connaît et admire le nom de miss Florence Nightingale, et rattache à ce nom les merveilles accomplies par le corps médical et par les sociétés libres de l'Angleterre après les rudes leçons du commencement de la campagne de Crimée. Enfin on a lu le récit de M. Édouard Laboulaye (1), racontant, en face des misères de notre organisation française mises à nu par le courageux et savant travail du docteur Chenu, les efforts de l'initiative privée aux États-Unis, qui partirent de rien pour aboutir à former 32,000 comités, à lever une véritable armée de femmes et à dépenser 400 millions de francs au service des blessés de la patrie.

La France est en train de se relever et de montrer aussi ce dont elle est capable sous l'aiguillon du malheur. La *Société française de secours aux blessés militaires de terre et de mer*, fondée en 1863, approuvée en 1866, n'avait encore, au commencement de 1870, qu'une existence obscure et des moyens restreints. Les membres d'une même famille, le duc de Fezensac, le comte de Goyon, le comte de Flavigny, présidents successifs, avec le concours de quelques membres aussi prévoyants que zélés, la soutenaient avec persévérance, sans parvenir à vaincre les défiances un peu dédaigneuses de l'armée et l'insouciance·trop connue des Français, qui commencent à croire à la guerre

______

(1) Voyez la *Revue des Deux-Mondes* du 15 décembre 1869 .— Voir aussi le livre de miss Nightingale, traduit par le docteur Daremberg, avec une préface par M. Guizot.

quand la mitraille éclate. Un appel, répété par les cen
mille voix de la presse au début de la guerre, fut entendu et trouva partout de l'écho. Deux mois à peine
sont écoulés, et déjà la société a pu organiser et expé-
dier seize ambulances, à Borny, Toul, Verdun, Beau-
mont, Attigny, Sedan, Montmédy, Mouzon, Metz : onze
par ses propres ressources, cinq avec le concours de
lord Hertford et des donateurs suisses, anglais, américains, hollandais et italiens. Depuis que Paris est in-
vesti, pendant que presque toutes les ambulances sont
demeurées au service des blessés dans les territoires
envahis, la même société, aidée par l'initiative des établissements publics, des communautés religieuses, des
particuliers, a pu préparer dans les vingt arrondissements 217 ambulances fixes, comprenant 3,610 lits, et
elle a, depuis le commencement du siége jusqu'au 10
octobre, dépensé 2,568,254 fr., distribué plus de 72,000
kilog. de linge, 10,000 draps, 104,000 litres de vin (1).
Auxiliaire de l'armée et de l'intendance, la société a
en outre organisé quatre ambulances pour la garde
mobile, et à toutes les sorties de la garnison de Paris
elle envoie ses voitures sur le terrain de l'action pour
ramasser les blessés et assister les mourants. Chaque
voiture est accompagnée par un médecin, deux aides,
deux délégués, un aumônier. La presse française a
fondé un second service d'ambulance, moins impor-

(1) V. à l'Appendice B, la Société de secours. Je regrette de ne
pouvoir indiquer les sommes dépensées et les objets distribués depuis le 10 octobre jusqu'au 31 décembre. L'état n'en a pas encore été
publié par le comte de Saint-Aignan, membre du Conseil de la Société, qui a donné son temps, ses forces, son intelligence, avec un
dévouement sans mesure, à cette répartition difficile.

tant, mais excellent, qui rivalise de zèle et d'émulation
fraternelle avec la *Société internationale*. La presse a
réuni près de 1,500,000 fr., établi huit grands hôpitaux
pour 600 lits et des ambulances volantes destinées au
champ de bataille; dirigé avec le plus grand zèle par le
docteur Ricord et Mgr Bauer, le comité de la presse a
obtenu le concours d'habiles chirurgiens et l'assistance
des frères des écoles et des sœurs de l'Espérance (1).—
Les sociétés protestantes et israélites dirigent d'autres
ambulances, et il en a été établi à l'avenue Uhrich par
les Américains, sous des tentes, dont l'excellent arran-
gement est dû au docteur Thomas Evans (2), et par les
Italiens et les Suisses. Les mairies de Paris ont fondé
ou adopté plus de deux cents ambulances municipales; chaque bataillon de la garde nationale a un dépôt
de blessés sous le nom d'ambulance du rempart. Les
trois grands hôpitaux militaires, Val-de-Grâce, Gros-
Caillou, Récollets, servent de centre et de modèle à ce
vaste ensemble de secours accumulés par la libre initiative pour l'assistance patriotique des blessés. A
chaque ambulance, le premier poste est celui des chirurgiens, des médecins, des élèves en médecine. Les
frères et les sœurs des communautés charitables ont
été dès le début les infirmiers tout préparés et gratuits
des nouveaux services, les prêtres de toutes les pa-
roisses s'y succèdent le jour et la nuit comme aumôniers volontaires. Les dames se dévouent partout aux
soins les plus répugnants des blessés ou des malades.
Peu à peu l'ordre s'établit, et une commission supé-

(1) V. à l'Appendice C, note sur les Ambulances de la Presse.

(2) Appendice, note D, sur l'Ambulance américaine et les Ambulances sous tentes et baraques.

rieure (1), nommée le 23 octobre par le gouverneur de Paris, va le rendre plus rapide. Les grands hôpitaux, servis par les meilleurs chirurgiens, reçoivent d'abord les blessés et les répartissent entre les ambulances les mieux organisées; on dirige sur des dépôts séparés les malades; les petites ambulances ne sont plus que des séjours de convalescence ou des réserves pour l'avenir, les moins bonnes sont interdites et fermées. Le drapeau à croix rouge reste planté sur les monuments de Paris, et les blessés sont recueillis aux Tuileries, au Corps législatif, au Sénat, aux Affaires étrangères, à peu près dans tous les endroits où s'est discutée et déclarée la guerre. Il va sans dire que les blessés prussiens, bavarois, badois, trouvent partout les mêmes soins que les blessés français.

Ces faits sont sous nos yeux. Ils suffisent à la défense de la convention de Genève et à l'honneur des sociétés de secours aux blessés. Cependant cette convention et ces sociétés soulèvent déjà des critiques assez vives, surtout en Allemagne. Faut-il y répondre? Quand on a dit d'une loi qu'elle peut être violée et d'une institution qu'elle a des inconvénients, on n'a rien dit; toute chose humaine a les défauts humains. Il est très-vrai que la convention n'est pas également praticable dans tous ses articles; que la guerre, qui viole toutes les lois, viole aussi celle-là; que les articles adoptés ont besoin d'être complétés. Déjà le travail est prêt. La conférence de Berlin a rédigé les amendements, et une autre conférence est convoquée pour

______

(1) Note E. Noms des membres de la Commission supérieure des Ambulances et Liste par arrondissement des Ambulances affiliées à la Société internationale pendant le siége de Paris.

1871 à Vienne, où elle se réunira au lendemain de la plus formidable expérience. Des articles pourront être ajoutés pour le traitement des prisonniers, la répression du pillage après le combat, l'inhumation et la constatation de l'identité des morts, la communication réciproque de la liste des morts et des blessés, les pénalités à introduire dans le code militaire pour la violation de la convention. Sans doute, la neutralité ne peut pas être complète dans une ville assiégée; pendant le blocus de Paris, toutes les maisons marquées d'une croix ne peuvent pas par exception recevoir des vivres et ne pas recevoir des bombes. Mais déjà, grâce à la convention de Genève, une armée en retraite peut laisser sans crainte ses blessés dans les ambulances et les hôpitaux; le personnel peut y rester à son poste sans être prisonnier; les habitants sont encouragés à recueillir les blessés, qui leur servent de sauvegarde; les blessés sont relevés, soignés et renvoyés après guérison, quelle que soit leur nationalité. Dans une ville assiégée, les dépôts de malades peuvent être disséminés de manière à éviter les affreux périls de l'encombrement; un colonel anglais peut traverser les lignes prussiennes pour apporter un demi-million à nos blessés; enfin, le signe de la croix de Jésus-Christ rappelle à tous les hommes que, même sous la mitraille, ils sont du même sang. Une convention qui produit de tels effets mérite de prendre place dans le code international à côté des articles de 1856 votés au congrès de Paris sur la neutralité maritime, et de la convention signée à Saint-Pétersbourg le 15 novembre 1868, pour interdire l'usage des balles explosives. Ce sont trois victoires : du droit sur la force, de la douceur sur la brutalité, de la conservation sur la destruction.

Quant aux *sociétés de secours*, elles ne sont pas sans défaut; les tâtonnements de leurs débuts, les imperfections de leur matériel, les abus de leurs immunités, prêtent à la critique. Les croix rouges servent de paratonnerre à quelques maisons que n'habite pas l'ardeur désintéressée du patriotisme, et elles tiennent sur trop de bras la place du fusil. On voit jusque sur le champ de bataille des empressements suspects, et il a fallu que le gouverneur de Paris prît un arrêté pour empêcher la confusion des voitures en quête de blessés. Mais tous ces abus sont bien petits, et ils ne peuvent en rien diminuer l'admiration que mérite l'explosion de la fraternité patriotique en faveur des victimes de la guerre. Entrez dans les ambulances, allez suivre au Palais de l'Industrie ou au Grand-Hôtel la visite du docteur Nélaton, suivez à l'École des ponts et chaussées le docteur Desmarquais et le docteur Ricord, entrez au Corps législatif pendant les opérations du docteur Mosetig et les consultations du docteur Mundy, assistez aux séances des membres du comité des visiteurs à l'Élysée, faites-vous conduire à l'ambulance établie par la presse au collége des Irlandais, par les jésuites à Vaugirard, par les sociétés protestantes au collége Chaptal, par M. Jules Favre dans les salons où M. de Gramont commentait ses dépêches : de telles visites imposent silence à toutes les critiques, et nul ne sort de ces lieux d'asile sans maudire la guerre, cause de tant d'horreurs, sans honorer la France, mère de tant de vertus.

Tous ces détails, matériaux incomplets, qui serviront plus tard à composer l'une des pages touchantes de l'histoire du siége de Paris, nous ont en apparence éloigné du récit des origines, de la condition actuelle et des vœux du corps de santé des armées françaises. En réalité, ce corps est l'auteur et il reste le centre de ce vaste mouvement d'humanité. La convention de Genève n'est que la traduction en langage légal des usages pratiqués dans les camps par les continuateurs d'Ambroise Paré et l'expression solennelle du respect qu'ils ont su inspirer. Les sociétés de secours ne sont que la réponse à leurs cris de détresse depuis le jour où, témoins impuissants de maux épouvantables, ils ont pris le parti de ne plus s'adresser au pouvoir et de parler à l'opinion. Au commencement de la guerre qui désole la France, le personnel des officiers de santé militaires et de leurs assistants se composait à peine de 1,500 personnes, et ils figuraient au budget de la guerre pour moins de 2 millions. Il est arrivé à leurs chers malades et blessés un budget volontaire de 8 ou 10 millions, et une armée de secours de plusieurs milliers d'hommes et de femmes dévoués. Ainsi escortés, ils feront d'abord beaucoup plus de bien, et c'est l'essentiel. Obtiendront-ils ensuite plus de justice pour eux-mêmes? Je le crois. Après nos malheurs, les mots de centralisation, unité, règlement, tutelle administrative, auront perdu tout prestige. L'exemple de la Prusse et des autres pays militaires nous trouvera plus humbles et plus attentifs. La réorganisation de l'armée sur des bases nouvelles sera devenue une nécessité. Enfin la question du service de santé des blessés et des malades militaires sera sortie du cercle des académies et des discussions techniques, où elle est jusqu'ici res-

tée trop enfermée, car nous aurons tous été soldats,
nos maisons auront été des hôpitaux, les bienfaiteurs
de l'armée auront été nos bienfaiteurs, et ils se verront
appuyés par l'opinion universelle.

Sans doute, il serait plus court d'en finir avec les
chirurgiens-majors, les intendants, la convention de
Genève et les sociétés de secours aux blessés, en sup-
primant la guerre. Nos petits-enfants travailleront à
réaliser ce rêve, quand ils apprendront dans notre
histoire que le XIXᵉ siècle, si fier de ses progrès, a
sacrifié à l'idole monstrueuse du carnage 4 ou 5 millions de jeunes gens. Pour les Français de notre géné-
ration, ce n'est pas fini. Résolus à ne pas rendre Paris
et à délivrer la Lorraine et l'Alsace, nous avons devant nous de longs combats. Tâchons donc d'adoucir
la guerre que nous ne pouvons pas éviter.

AUGUSTIN COCHIN.

Ce travail a paru d'abord dans *la Revue des Deux-Mondes*
du 1ᵉʳ novembre 1870, et il a été revu, considérablement augmenté, suivi d'un *Appendice*.

APPENDICE

Texte de la Convention signée à Genève le 22 août 1864.

Article premier.

Les ambulances et les hôpitaux militaires seront reconnus neutres, et, comme tels, protégés et respectés par les belligérants, aussi longtemps qu'il s'y trouvera des malades ou des blessés.

La neutralité cesserait si ces ambulances ou ces hôpitaux étaient gardés par une force militaire.

Art. 2.

Le personnel des hôpitaux et des ambulances, comprenant l'intendance, les services de santé, d'administration, de transport de blessés, ainsi que les aumôniers, participera au bénéfice de la neutralité lorsqu'il fonctionnera et tant qu'il restera des blessés à relever ou à secourir.

Art. 3.

Les personnes désignées dans l'article précédent pourront, même après l'occupation de l'ennemi, continuer à remplir leurs fonctions dans l'hôpital ou l'ambulance qu'elles desservent, ou se retirer pour rejoindre le corps auquel elles appartiennent.

Dans ces circonstances, lorsque ces personnes cesseront leurs fonctions, elles seront remises aux avant-postes ennemis par les soins de l'armée occupante.

ART. 4.

Le matériel des hôpitaux militaires demeurant soumis aux lois de la guerre, les personnes attachées à ces hôpitaux ne pourront, en se retirant, emporter que les objets qui sont leur propriété particulière.

Dans les mêmes circonstances, au contraire, l'ambulance conservera son matériel.

ART. 5.

Les habitants du pays qui porteront secours aux blessés seront respectés et demeureront libres.

Les généraux des puissances belligérantes auront pour mission de prévenir les habitants de l'appel fait à leur humanité, et de la neutralité qui en sera la conséquence.

Tout blessé recueilli et soigné dans une maison y servira de sauvegarde. L'habitant qui aura recueilli chez lui des blessés sera dispensé du logement des troupes, ainsi que d'une partie des contributions de guerre qui seront imposées.

ART. 6.

Les militaires blessés ou malades seront recueillis et soignés, à quelque nation qu'ils appartiennent.

Les commandants en chef auront la faculté de remettre immédiatement aux avant-postes ennemis les militaires ennemis blessés pendant le combat, lorsque les circonstances le permettront, et du consentement des deux parties.

Seront renvoyés dans leurs pays ceux qui, après guérison, seront reconnus incapables de servir.

Les autres pourront être également renvoyés, à la condition de ne pas reprendre les armes pendant la durée de la guerre.

Les évacuations, avec le personnel qui les dirige, seront couvertes par une neutralité absolue.

Art. 7.

Un drapeau distinctif et uniforme sera adopté pour les hôpitaux, les ambulances et les évacuations. Il devra être, en toute circonstance, accompagné du drapeau national.

Un brassard sera également admis pour le personnel neutralisé; mais la délivrance en sera laissée à l'autorité militaire.

Le drapeau et le brassard porteront : croix rouge sur fond blanc.

Art. 8.

Les détails d'exécution de la présente Convention seront réglés par les commandants en chef des armées belligérantes, d'après les instructions de leurs gouvernements respectifs, et conformément aux principes généraux énoncés dans cette Convention.

Art. 9.

Les hautes puissances contractantes sont convenues de communiquer la présente Convention aux gouvernements qui n'ont pu envoyer des plénipotentiaires à la Conférence internationale de Genève, en les invitant à y accéder : le protocole est à cet effet laissé ouvert.

ART. 10.

La présente Convention sera ratifiée et les ratifications en seront échangées à Berne, dans l'espace de quatre mois, ou plus tôt si faire se peut.

En foi de quoi les plénipotentiaires respectifs l'ont signée et y ont apposé le cachet de leurs armes.

Fait à Genève, le vingt-deuxième jour du mois d'août de l'an mil huit cent soixante-quatre.

ARTICLES ADDITIONNELS A LA CONVENTION.

ARTICLE PREMIER.

Le personnel désigné dans l'article 2 de la Convention continuera, après l'occupation par l'ennemi, à donner, dans la mesure des besoins, ses soins aux malades et aux blessés de l'ambulance ou de l'hôpital qu'il dessert.

Lorsqu'il demandera à se retirer, le commandant des troupes occupantes fixera le moment de ce départ, qu'il ne pourra toutefois différer que pour une courte durée, en cas de nécessités militaires.

ART. 2.

Des dispositions devront être prises par les puissances belligérantes pour assurer au personnel neutralisé, tombé entre les mains de l'armée ennemie, la jouissance intégrale de son traitement.

ART. 3.

Dans les conditions prévues par les articles 1er et 4 de la Convention, la dénomination d'*ambulance* s'applique aux hôpitaux de campagne et autres établissements temporaires qui suivent les troupes sur les champs de bataille pour y recevoir des malades et des blessés.

ART. 4.

Conformément à l'esprit de l'article 5 de la Convention et aux réserves mentionnées au Protocole 1864, il est expliqué que, pour la répartition des charges relatives au logement de troupes et aux contributions de guerre, il ne sera tenu compte que dans la mesure de l'équité du zèle charitable déployé par les habitants.

ART. 5.

Par extension de l'article 6 de la Convention, il est stipulé que, sous la réserve des officiers dont la possession importerait au sort des armes, et dans les limites fixées par le deuxième paragraphe de cet article, les blessés tombés entre les mains de l'ennemi, lors même qu'ils ne seraient pas reconnus incapables de servir, devront être renvoyés dans leur pays après leur guérison, ou plus tôt si faire se peut, à la condition toutefois de ne pas reprendre les armes pendant la durée de la guerre.

5.

ARTICLES CONCERNANT LA MARINE.

Art 6.

Les embarcations qui, à leurs risques et périls, pendant et après le combat, recueillent, ou qui, ayant recueilli des naufragés ou des blessés, les portent à bord d'un navire soit neutre, soit hospitalier, jouiront, jusqu'à l'accomplissement de leur mission, de la part de neutralité que les circonstances du combat et la situation des navires en conflit permettront de leur appliquer.

Art. 7.

L'appréciation de ces circonstances est confiée à l'humanité de tous les combattants.

Les naufragés et les blessés ainsi recueillis et sauvés ne pourront servir pendant la durée de la guerre.

Le personnel religieux, médical et hospitalier de tout bâtiment capturé est déclaré neutre. Il emporte, en quittant le navire, les objets et les instruments de chirurgie qui sont sa propriété particulière.

Art. 8.

Le personnel désigné dans l'article précédent doit continuer à remplir ses fonctions sur le bâtiment capturé, concourir aux évacuations de blessés faites par le vainqueur, puis il doit être libre de rejoindre son pays, conformément au second paragraphe du premier article additionnel ci-dessus.

Les stipulations du deuxième article additionnel ci-dessus sont applicables au traitement de ce personnel.

Art. 9.

Les bâtiments hôpitaux militaires restent soumis aux lois de la guerre en ce qui concerne leur matériel ; mais celui-ci ne pourra les détourner de leur affectation spéciale pendant la durée de la guerre.

Art. 10.

Tout bâtiment de commerce, à quelque nation qu'il appartienne, chargé exclusivement de blessés et de malades dont il opère l'évacuation, est couvert par la neutralité ; mais le fait seul de la visite, notifié sur le journal du bord, par un croiseur ennemi, rend les blessés et les malades incapables de servir pendant la durée de la guerre. Le croiseur aura même le droit de mettre à bord un commissaire pour accompagner le convoi et vérifier ainsi la bonne foi de l'opération.

Si le bâtiment de commerce contenait en outre un chargement, la neutralité le couvrirait encore, pourvu que ce chargement ne fût pas de nature à être confisqué par le belligérant.

Les belligérants conservent le droit d'interdire aux bâtiments neutralisés toute communication et toute direction qu'ils jugeraient nuisibles au secret de leurs opérations.

Dans les cas urgents, des conventions particulières pourront être faites entre les commandants en chef pour neutraliser momentanément, d'une manière spéciale, les navires destinés à l'évacuation des blessés et des malades.

Art. 11.

Les marins et les militaires embarqués, blessés ou

malades, à quelque nation qu'ils appartiennent, seront protégés et soignés par les capteurs.

Leur rapatriement est soumis aux prescriptions de l'article 6 de la Convention et de l'article 5 additionnel.

ART. 12.

Le drapeau distinctif à joindre au pavillon national, pour indiquer un navire ou une embarcation quelconque qui réclame le bénéfice de la neutralité, en vertu des principes de cette Convention, est le pavillon blanc à croix rouge.

Les belligérants exercent à cet égard toute vérification qu'ils jugent nécessaire.

Les bâtiments hôpitaux militaires sont distingués par une peinture extérieure blanche avec batterie verte.

ART. 13.

Les navires hospitaliers équipés aux frais des sociétés de secours reconnues par les Gouvernements signataires de cette Convention, pourvus de commission émanée du souverain qui aura donné l'autorisation expresse de leur armement, et d'un document de l'autorité maritime compétente stipulant qu'ils ont été soumis à son contrôle pendant leur armement et à leur départ final, et qu'ils étaient alors uniquement appropriés au but de leur mission, seront considérés comme neutres ainsi que tout leur personnel.

Ils seront respectés et protégés par les belligérants.

Ils se feront reconnaître en hissant, avec leur pavillon national, le pavillon blanc à croix rouge. La marque distinctive de leur personnel dans l'exercice de ses fonctions sera un brassard aux mêmes couleurs; leur peinture extérieure sera blanche avec batterie rouge.

Ces navires porteront secours et assistance aux blessés et aux naufragés des belligérants, sans distinction de nationalité.

Ils ne devront gêner en aucune manière les mouvements des combattants.

Pendant et après le combat, ils agiront à leurs risques et périls.

Les belligérants auront sur eux le droit de contrôle et de visite; ils pourront refuser leur concours, leur enjoindre de s'éloigner, et les détenir si la gravité des circonstances l'exigeait.

Les blessés et les naufragés recueillis par ces navires ne pourront être réclamés par aucun des combattants, et il leur sera imposé de ne pas servir pendant la durée de la guerre.

Art. 14.

Dans les guerres maritimes, toute forte présomption que l'un des belligérants profite du bénéfice de la neutralité dans un autre intérêt que celui des blessés et des malades permet à l'autre belligérant, jusqu'à preuve du contraire, de suspendre la Convention à son égard.

Si cette présomption devient une certitude, la Convention peut même lui être dénoncée pour toute la durée de la guerre.

Art. 15.

Le présent Acte sera dressé en un seul exemplaire original, qui sera déposé aux archives de la Confédération suisse.

Une copie authentique de cet Acte sera délivrée,

avec invitation d'y adhérer, à chacune des Puissances signataires de la Convention du 22 août 1864, ainsi qu'à celles qui y ont successivement accédé.

En foi de quoi les Commissaires soussignés ont dressé le présent projet d'articles additionnels et y ont apposé le cachet de leurs armes.

Fait à Genève, le vingtième jour du mois d'octobre de l'an mil huit cent soixante huit.

Liste des Gouvernements qui ont signé la Convention de Genève (1864).

Autriche. — Bade. — Bavière. — Belgique. — Danemark. — Espagne. — États-Romains. — France. — Grande-Bretagne. — Grèce. — Hesse. — Italie. — Mecklembourg-Schwerin. — Pays-Bas. — Portugal. — Prusse. — Russie. — Saxe. — Suède et Norwége. — Suisse. — Turquie. — Wurtemberg.

Note B.

La Société internationale de secours aux blessés.

Sous la présidence du comte de Flavigny, la Société internationale a rendu pendant la guerre de 1870 plusieurs services mémorables à l'armée et à la nation ; elle aura été la plus haute manifestation de l'initiative privée durant cette période sanglante.

1° Seule Société reconnue par la loi, elle a délivré le brassard et la croix de Genève au nom de toutes les sociétés du monde civilisé, et marqué la trace de la fraternité humaine au milieu des flots de sang répandu. Reconnue comme une puissance régulière sur les champs de bataille, elle a pu, par l'intermédiaire de son Vice-Président, M. le comte Sérurier, obtenir plusieurs armistices.

2° Grâce aux ressources qu'elle a réunies, elle a pu faire suivre toutes nos armées d'ambulances parfaitement organisées, et entretenir ou aider à fonder dans Paris, pendant le siége, des milliers de lits destinés aux blessés. D'autres ambulances suivent partout nos armées de province.

3° Avec le concours du docteur Chenu et des plus habiles chirurgiens, MM. Nélaton, Guyon, Boinet, Legendre, Feulard, Perdrigeon, Reynaud, Hottot, Marey, Péan, Vidal, Duplaix, Lannelongue, Guérin, Blot,

Girard-Teulon, Dusseris, Lorne, Pilate, Bidard, elle a entrenu à ses frais un vaste hôpital de 500 lits, au Palais de l'Industrie, puis au Grand Hôtel.

4° Aidée par les médecins autrichiens et anglais, MM. les docteurs Mundy, Mosetig, Gordon, Wyatt, elle n'a pas cessé de conserver à ses soins le caractère international et humanitaire. Le docteur Mundy a parfaitement organisé les deux ambulances du Corps législatif et de l'ambassade d'Autriche.

5° Ses Comités ont fonctionné avec un zèle infatigable. Le Comité des magasins a trouvé dans son Président, M. le comte de Saint-Aignan, le pourvoyeur intelligent, actif, ingénieux, de tous les besoins. Le Comité des renseignements, grâce au comte de Madre, a cherché et gardé pour toutes les familles des indications précises sur le sort des blessés et des morts. Le Comité des finances a dû sa gestion pleine d'ordre à MM. de Billy et Tagnard. Le Comité départemental, dirigé par M. Le Camus, a stimulé et obtenu les efforts de la France entière. Enfin, le service des voitures et des transports, dirigé par MM. Ellissen, a déployé sur le champ de bataille autant de courage que d'activité.

6° La Société a été aidée dans ses hôpitaux par un Comité de dames, présidé par Mme la comtesse de Flavigny. Chaque salle de blessés a été surveillée jour et nuit par ses infirmières volontaires, choisies dans tous les rangs de la société parisienne, et Mesdames de Lagrange, Vilbort, de Pages, d'Hulst, de Biron, de la Ferronays, d'Haussonville, Cochin, Bellaigue, Rolland, de Corcelle, Duparc, Usquin, de Guiraud, dé Galliffet, de Kergariou, de Bure, Borniche, de Saint-Cyr, Thureau-Dangin, de Courval, Sainte-Claire

Deville, Bizot, Dulong de Rosnay, de Fitz-James, Bonneau du Martray, Léon Faucher, Tiby, de Bourges, Sallantin, de Mauclerc, Carayon-Latour, de Froidefond, de Montgomery, de Beauvoir, de Chauffour, Lecordier, Quinette, Hély-d'Oissel, de Sédaiges, de Horter, etc.

7° La science aura à profiter des conférences sur le meilleur mode de transport des blessés faites par le docteur Mundy, et de la construction de nouvelles voitures d'ambulance, dues à MM. Mundy, comte de Beaufort, Ellissen et Gœbel.

8° Il serait injuste d'oublier les services rendus par le Comité des visiteurs, dirigé par M. Husson, et composé de MM. le président Berthelin, Nicolet, Damours, Sallantin, le président Pelletier, Dejammes, Périn, Baschet, de Bellomayre, Rohaut de Fleury, Mélot, Salmon, Servan, Deschars, etc., qui ont visité assidûment toutes les semaines chacune des ambulances des vingt arrondissements de Paris.

Membres du Conseil de la Société de secours aux blessés des armées de terre et de mer.

MM. le Comte DE FLAVIGNY, *Président.*
BARTHOLONY.
le général de division DE CHABAUD LA TOUR.
le vice-amiral FOURICHON.
DROUYN DE L'HUYS.
le vice-amiral JURIEN DE LA GRAVIÈRE.
le Baron LARREY.

MM. le général DE LA RUE.

le général de division MELLINET.

le vicomte DE MELUN (Armand).

le docteur NÉLATON.

le docteur REYNAULT.

l'intendant général ROBERT.

le comte SÉRURIER.

le général TROCHU.

le comte DE BEAUFORT, *Secrétaire général.*

A. DE ROTHSCHILD, *Trésorier général.*

le général de division AMBERT.

BAILLET

BAUDRY (Paul).

BEULÉ.

DUC DE BELLUNE.

BENOÎT-CHAMPY (Gabriel).

BERTHIER.

le marquis DE BÉTHISY.

E. DE BILLY.

DE BUSSIÈRES (Léon).

le docteur BLAIN DES CORMIERS.

DE CARDAILHAC.

le marquis DE CASTELLANE.

le comte F. DE CHABOT.

DE CAZENOVE (Léonce).

DE CHANALEILLES.

le docteur CHENU.

Augustin COCHIN.

le docteur COLLINEAU.

DALLOZ.

ELLISSEN (Albert).

ELLISSEN (Alexandre).

MM. le duc DE FÉZENSAC.
le duc DE FITZ-JAMES.
le vicomte Emm. DE FLAVIGNY.
le comte FOUCHER DE CAREIL.
le docteur GORDON.
GOYETSCHE.
HOTTINGUER.
le colonel HUBER-SALADIN.
HUSSON.
KLEIN.
KŒNIGSWARTER.
LABOUCHÈRE (Alfred).
E. LABOULAYE.
LARABIT.
LE CAMUS (Émile).
le vicomte LEMERCIER (Anatole).
F. DE LESSEPS.
le comte DE MADRE.
MÉNIER.
MONNIER.
P. DE MONBRISON.
le comte F. DE MONTESQUIOU.
le docteur MOSETIG.
le baron DE PAGES.
le docteur baron MUNDY.
le docteur PIOTROWSKI.
DE POURTALÈS (Robert).
le comte DE RESSÉGUIER (Albert).
DE RICHECOUR.
le comte DE RIENCOURT.
le prince DE SAGAN.
le comte DE SAINT-AIGNAN.

MM. le général de division DE SALIGNAC-FÉNELON.
le sous-intendant SANSON.
le baron SÉGUIER (Tony).
TAGNARD.
DE TRIQUETTI.
VANDAL.
VERNES (Th.).
le marquis DE VILLENEUVE-BARGEMON.
le comte DE VOGUÉ (Melchior).
le comte DE VOGUÉ (Charles).
WURTZ.
le docteur WYATT.

NOTE C.

Les Ambulances de la Presse et les Frères des Ecoles chrétiennes.

Le journal *le Gaulois* a eu l'honneur de faire au public l'appel chaleureux dont les résultats ont servi à fonder les huit ambulances de la Presse, savoir :

Conservatoire des Arts et Métiers.
Rue de la Paix.
Collége Chaptal.
Magasins du Louvre.
Maison Pilté.
Collége des Irlandais.
Couvent de la rue Tournefort.
École des Ponts et Chaussées.

Un Comité, présidé par le docteur Ricord, a trouvé des auxiliaires aussi actifs qu'intelligents dans M. de La Grangerie et M. Armand Gouzien. L'aumônier en chef de ces ambulances, Mgr Bauer, a fait preuve du dévouement le plus infatigable sur le champ de bataille ou au lit des blessés. Les Frères des Ecoles chrétiennes et les Sœurs de l'Espérance infirmiers de jour et de nuit, ont rivalisé de zèle et d'ordre. Enfin, ce sera l'honneur des ambulances de la Presse d'avoir introduit sur le champ de bataille, comme brancardiers, les Frères des Écoles, qui ont su se venger dignement de tant d'attaques injustes en montrant que la religion apprend à aimer les hommes et à braver la mort. Trois cents Frères ont porté les blessés et enseveli les morts. Deux ont été tués.

Note D.

Les Ambulances américaines sous tentes et sous baraques.

Les Américains, sous l'habile direction du docteur Swinburn, ont reproduit dans un vaste terrain de l'avenue Uhrich un essai des *hôpitaux sous tentes* qui avaient si bien réussi pendant la guerre de la sécession.

Ces tentes, simplement et parfaitement établies, sous une double toile, avec des rideaux pour séparer les salles, un chauffage souterrain très-aisé à installer, ont deux avantages et deux inconvénients.

Elles sont très-aérées, et par conséquent très-salubres, et particulièrement favorables aux opérations chirurgicales. Elles sont peu coûteuses à dresser rapidement, à replier, à refaire, et par conséquent très-bonnes pour le service d'une expédition qu'il faut suivre dans de vastes territoires sans villes. Mais je crains que ces tentes ne soient facilement accessibles à la poussière et ennuyeuses à habiter longtemps.

Si la statistique, après le siége, prouve que la mortalité a été moindre que partout ailleurs, la supériorité sera démontrée.

L'intendance militaire a fait construire des baraques (au Luxembourg et à Passy) qui présentent aussi de grands avantages d'aération et d'économie.

Il y a dans ces essais d'hôpitaux passagers, préservés des dangers d'infection, une tentative de la plus haute importance, que M. le docteur Lefort avait inaugurée en 1869, avec un plein succès, à l'hôpital Cochin. (V. *Des Hôpitaux sous tente*, par le docteur Lefort, 1869. — *Étude sur les Hôpitaux sous tente*, par le médecin américain docteur Schatz, 1870. — *Note* sur le même sujet, lue à l'Académie de Médecine, par M. Husson, 1869.)

Note E.

Commission supérieure des Ambulances

M. Jules FERRY, *Président.*

M. l'Intendant général WOLF, *Membre de la Commission.*
M. le Docteur LARREY,   —
M. le Docteur CHAMPOUILLON ,   —
M. le Docteur CHENU,   —
M. le Docteur GUYON,   —
M. le Docteur LABBÉ,   —
M. le Docteur BÉHIER ,   —
M. le Docteur BROCA,   —
M. le Docteur WORMS, *Secrétaire.*   —

Par les soins de cette Commission supérieure, les ambulances ont été classées en huit groupes autour de huit hôpitaux de répartition, et divisées en grandes et petites ambulances. Nous publions la Liste, par arrondissement, de celles qui ont été fondées et assistées par la Société internationale pendant le siége de Paris.

1 Arrondissement.

Nombre de lits.

1. **Curé de Saint-Eustache,** presbytère de l'église. . .   10
2. **Palais de Justice,** place du Palais   36
3. **Bochard,** rue du Pont-Neuf, 2   50
4. **Théâtre-Français,** place du Palais-Royal   20
5. **De Villeplaine,** rue du Luxembourg, 5.   10

Nombre de lits.

6. **Louvet,** rue Vivienne, 10   15

7. **Caisse D'Épargne,** rue Coq-Héron, 5   8

8. **Hôtel du Rhin,** place Vendôme.   10

9. **Perron,** rue Jean-Jacques-Rousseau, 39   12

10. **Blanchet**   6

10 *bis.* **Hôtel Meurice,** rue de Rivoli, 228.   6

10 *ter.* **M**^me **Say,** place Vendôme, 14.   6

2e Arrondissement.

11. **La Société des Dépôts.** place de l'Opéra.   25

12. **De Hercé,** Compagnie d'assurances sur la vie, rue
     du Quatre-Septembre, 10.   40

13. **Théâtre-Italien,** rue Monsigny.   27

14. **Carcenac,** boulevard des Capucines, 39.   8

15. **Calderon,** rue du Quatre-Septembre, 1.   6

16. **Duvinage,** boulevard des Capucines, 43   6

17. **Théâtre des Variétés,** boulevard Montmartre. . . .   20

18. **Marestaing,** Compagnie *la Préservatrice,* boulevard
     des Capucines, 35   24

19. **Balsac,** boulevard des Capucines, 25.   6

20. **De Castou,** rue du Mail, 10.   10

21. **Stott,** rue de Grammont, 1   1

22. **Lefébure,** rue du Petit-Carreau, 14.   15

3e Arrondissement.

23. **Docteur Cosson,** rue du Grand-Chantier, 12.   12

24. **Bourrières,** place du Château-d'Eau, 15   12

25. **Servant,** rue des Vieilles-Haudriettes   10

Nombre de lits.

26. **Mathey**, rue Turenne, 39   10

27. **Sœur Élisabeth**, rue Vieille-du-Temple, 108   10

28. **Lacarrière**, rue Béranger . . , ...   12

29. **Délégués du 3e arrondissement**, rue Turbigo, 78 . .   9

30. **Francs-tireurs**. Ville de Paris, école Turgot   27

31. **Graux**, rue du Parc-Royal, 8   8

4° Arrondissement.

32. **Docteur Giraud**, rue S.-Paul, 34 (passage S.-Pierre)   50

33. **Léon Donnat**, place des Vosges, 13.   12

34. **Docteur Guérin**, rue Chanoinesse.   10

35. **Docteur Rémond**, rue Malher, 12   12

36. **Cercle de la Jeunesse**, rue Saint-Antoine, 212. . .   25

37. **Locataires**, rue de la Ciseraie, 3   8

5e Arrondissement.

38. **Pères Dominicains**, rue Saint-Jean-de-Beauvais . .   2

39. **Petites-Sœurs des Pauvres**, rue Saint-Jacques, 277.   20

40. **Jésuites**, rue de Lhomond, 18 140

41. **De la Claudon**, quai de la Tournelle, 27   8

42. **Sourds-Muets**, rue Saint-Jacques, 254 140

43. **École des Mines**, boulevard Saint-Michel, 69   30

44. **Théâtre de Cluny**, boulevard Saint-Germain. . . .   7

45. **Mlle Agar**, rue des Feuillantines, 97   6

46 **Curé de Saint-Nicolas-du-Chardonnet**, boulevard
    Saint-Germain.   10

47. **Ganet**, quai Saint-Michel, 25   6

48. **Sœurs Saint-Michel**, rue Saint-Jacques, 195   19

Nombre de lits.

74. **Dardoize**, rue de l'Éperon, 9. 6

75. **Bonjean**, rue de Tournon, 2. 5

76. **Forest**, rue Servandoni, 26. 6

77. **Bohin**, rue Monsieur-le-Prince, 45. 3

78. **Mme Gilliard**, rue d'Assas, 70 6

78 *bis*. **Société d'encouragement**, rue Bonaparte, 41. . 33

7e Arrondissement.

79. **Frères Saint-Jean-de-Dieu**, rue Oudinot, 19. 10

80. **Jeunes Aveugles**, boulevard des Invalides, 56. . . 250

81. **Comte de Jaucourt**, rue de Varennes, 62. 8

82. **uchesse de Galliera**, rue de Varennes, 53. 12

83. **Guillemot**, rue de Lille, 56. 6

84. **Marquis de Sabran**, rue Saint-Dominique, 31. . . . 10

85. **De Cambacérès**, rue de l'Université, 21. 10

86. **Frères des Écoles chrétiennes**, rue Oudinot, 27 . . 120

87. **Comtesse de Gerson**, rue du Bac, 36. 6

88. **Sœurs de St Vincent de-Paul**, rue St-Dominique, 187. 6

89. **Lerat**, rue de Varennes, 41. 6

90. **Duc de Reggio**, rue de Bourgogne, 44. 4

91. **Cahen d'Anvers**, rue de Grenelle-St-Germain, 118. . 11

92. **Comte de Larochefoucauld**, rue de l'Université, 114. 15

93. **Petit Saint-Thomas**, rue de l'Université, 25. . . . 10

94. **Sœurs Saint-André**, rue de Sèvres, 90. 17

95. **Duvillers**, avenue de Saxe, 15. 6

96. **Les Carmélites**, avenue de Saxe, 26. 6

8e Arrondissement.

97. **Presbytère de la Madeleine**, rue de la Ville-l'Evê-
que, 18 32

Nombre de lits.

Nombre de lits.

126. **Chanu**, rue Malesherbes, 3   6

127. **Lepeltier de Saint-Rémy**, rue d'Amsterdam, 39.   6

128. **Travers**, boulevard Malesherbes, 74   6

129. **Félix Vernes**, boulevard Haussmann, 139 10

130. **Caruel de Saint-Martin**, avenue de la Reine-Hortense, 7 12

131. **Lepel-Cointet**, rue de la Ville-l'Évêque, 25.   6

132. **Mlle Julien**, rue de Naples, 4. 10

133. **Mme Aguado**, rue de l'Elysée, 10 10

134. **Joubert**, rue Balzac, 23. 15

135. **Branicki**, rue de Penthièvre, 24   6

136. **Mayer**, avenue de la Reine-Hortense, 45 15

137. **Deschamps**, rue François Ier, 9. . . . .

138. **L'abbé Chopard**, rue de Monceau, 34. 106

9e Arrondissement.

139. **André**, rue du Faubourg-Poissonnière, 30 10

140. **Paz**, rue des Martyrs, 40 20

141. **Gaillard**, passage Laferrière, 6. 15

142. **Ambulance italienne**, rue Taitbout, 24. 14

143. **Courteaux, Mme Didier**, rue Saint-Lazare, 90. . . 22

144. **Chemin de fer du Midi**, rue Clary, 4 20

145. **Courras (chemin de fer d'Orléans)**, rue de Lon-
dres, 8. 20

146. **Geibel**, rue de Milan, 14 23

147. **Baudin et de Nervo (chemin de fer de Lyon)**, rue
Saint-Lazare, 88. 20

148. **De Mory**, rue Saint-Lazare, 60. 25

149. **Grand-Orient**, rue Cadet, 16 60

7

Nombre de lits.

150. **Glanday-Steinar**, rue du Faubourg-Poissonnière, 52   4

151. **Chabrier**, rue de Trévise, 32.   20

152. **De Ridder, Tourneux**, rue de la Chaussée-d'An-tin, 51   12

153. **Dauteville**, rue de Berlin, 12.   9

154. **Besnier**, rue Blanche, 96.   6

155. **Mme Nast**, rue Saint-Lazare, 97.   10

156. **Morella**, rue Basse-du-Rempart, 52   6

157. **Princesse Troubeskoï**, rue Clausel, 6.   4

158. **Walker**, rue Rochechouart, 42.   5

159. **Loquin** (pharmacien), rue de Maubeuge, 31. . .   11

160. **Grosweller**, rue de la Tour-d'Auvergne, 41   6

161. **Berthier**, rue de Châteaudun, 22.   6

162. **Le Pharmacien**, rue du Helder, 15   6

163. **Desormeaux**, rue Laffitte, 58.   6

164. **Fox**, rue d'Amsterdam, 26   6

165. **De Saint Rémy**, rue d'Amsterdam   6

105 *bis*. **Seligmann**, rue Drouot.   6

<h2 align="center">10e Arrondissement.</h2>

166. **Compagnie du Gaz**, rue Condorcet, 6   30

167. **Debbeld**, passage Violet (rue Hauteville)   60

168. **Comartin**, boulevard de Strasbourg, 25.   12

169. **Curé de Saint-Laurent**, rue du Faubourg-Saint-Martin, 119.   20

170. **Petites Sœurs-des-Pauvres**, rue Philippe-de-Gi-rard, 13   50

171. **Chevalier**, boulevard de Strasbourg, 72   8

172. **Curé de Saint-Vincent-de-Paul**, rue Fénelon, 15.   22

Nombre de lits

173. **Albouy**, rue Albouy, 28. 15

174. **Dehaut**, rue du Faubourg-Saint-Denis, 147. 6

175 **Francfort**, rue d'Enghien, 22. 10

176. **Rouvenat**, rue Hauteville, 12 12

177. **Regny**, boulevard Denain, 12. . . . . »

178. **Lecourtois**, rue du Faubourg-Saint-Martin, 140. . 6

179. **Rémy**, rue Martel, 4 20

180. **Pinteau**, rue Paradis-Poissonnière, 22. 6

181. **Nicolas**, rue Paradis-Poissonnière , 22. 6

182. **Guilbert**, rue des Petites-Écuries, 55 14

183. **Seffert**, rue de Maubeuge, 27 8

11ᵉ Arrondissement.

184. **Francx**, boulevard Beaumarchais, 72 11

185. **Schwæblé**, École supérieure du commerce, rue
Amelot, 102 11

186. **Mesnet**, rue de Charonne, 161. 6

187. **Dauglen**, rue Pierre-Levée, 16. 16

12ᵉ Arrondissement.

188. **Estève**, syndicat des marchands de bois à façon ,
quai de la Râpée, 38. 8

189. **Sacré-Cœur**, ou **Dames-Blanches**, rue de Picpus,
35 18

190. **Moysès Riottot** (**Paroisse Saint-Éloi**), rue de
Reuilly , 36 24

191. **Mère de Dieu**, rue de Picpus, 45. 30

192. **Verrier**, rue Crozatier, 8. 6

Nombre de lits.

193. **Mariotte**, quai de la Râpée, 36.   6
194. **Vincey**, rue de Reuilly, 53.   24
195. **Petites Sœurs-des-Pauvres**, rue de Picpus, 75. .   13
196. **Mme Lekime**, rue de Charenton, 315   30
196 *bis*. **Meygret**, rue de Lyon, 12   70

13e Arrondissement.

196 *ter*. **Chemin de fer d'Orléans**, gare d'Ivry.   40

14e Arrondissement.

197. **Sœurs du Cœur de Marie**, rue Perceval, à Plaisance.   12
197 *bis*. **L'abbé Huchet**, rue de Constantine   12

15e Arrondissement.

198. **Veuve Morel**, rue de Vaugirard, 164.   6
199. **Duchesse de Fitz-James**, fondatrice de l'établisse-
     ment des Gardes-Malades pour les pauvres, rue
     Violet, 57   42
200. **L'abbé Leprovost**, rue du Chemin-du-Moulin. . .   21

16e Arrondissement.

201. **Musard**, avenue d'Iéna, 53   10
202. **Baronne de Ladoucette**, rue de Chaillot, 74. . .   12
203. **Klein**, rue Nicolo, 10   22
204. **De Girardin**, rue Pauquet, 38   10
205. **Comtesse de Nadaillac**, quai de Passy, 20. . . .   25

Nombre de lits.

206. **Delessert, Chenu**, quai de Passy   10
207. **Ambulance américaine**, avenue Uhrich, 36.   120
208. **Vallot**, place des Perchamps, 2 (Auteuil).   30
209. **Menier. Boder**, rue Singer, 19   6
210. **Tronchon**, avenue d'Eylau, 4.   6
211. **Général Samana**, rue de Chaillot, 105   10
212. **Société polytechnique**, rue de la Pompe, 21. . . .   25
213. **Boisgareing**, rue Francklin, 10   8
213 *bis.* **Aubert**, avenue du Roi de Rome, 84.   40
213 *ter.* **Le Curé de Saint-Honoré**, rue Mesnil (Passy).   6

17ᵉ Arrondissement.

214. **Morange**, rue de Rome, 101.   10
215. **Maison des Sœurs**, rue Brochant.   30

18ᵉ Arrondissement.

216. **Ambulances municipales**, rue Lepic, 62   323
217. **Sacré-Cœur de Coutances**, avenue Saint-Ouen, 35.   40
218. **Docteur Gruby**, rue Lepic, 100   10
219. **Asile de la Providence**, rue des Martyrs, 77. . .   10

19ᵉ Arrondissement.

. . . .

20ᵉ Arrondissement.

220. **Religieuses Ursulines**, rue de Belleville, 173 . . .   5

Ambulances externes (*extra muros*).

Nombre de lits.

221. **Rousseau-Quirot**, Joinville-le-Pont 200

222. **Faure Durasse**, Vincennes, rue de Paris, 106 . . 55

223. **Bitterlin**, Saint-Maur, chez les Sœurs 20

224. **Salles**, Saint-Denis 200

TABLE DES MATIÈRES

8877. — Paris, Imprimerie Jouaust, rue Saint-Honoré, 338.